Henri POUGET DE SAINT-ANDRÉ

GLI AUTORI NASCOSTI della RIVOLUZIONE FRANCESE

HENRI POUGET DE SAINT-ANDRÉ
(1858-1932)

GLI AUTORI NASCOSTI DELLA RIVOLUZIONE FRANCESE
(BASATO SU DOCUMENTI INEDITI)

*Les auteurs cachés de la Révolution Française,
(d'après des documents inédits),*
1923, Librairie académique Perrin & Cie

Tradotto in italiano e pubblicato da Omnia Veritas Limited

www.omnia-veritas.com

© Omnia Veritas Ltd - 2024

Tutti i diritti riservati. Nessuna parte di questa pubblicazione può essere riprodotta con qualsiasi mezzo senza la previa autorizzazione dell'editore. Il Codice della proprietà intellettuale vieta le copie o le riproduzioni per uso collettivo. Qualsiasi rappresentazione o riproduzione totale o parziale, con qualsiasi procedimento, senza il consenso dell'editore, dell'autore o dei loro aventi diritto è illegale e costituisce una violazione punibile ai sensi degli articoli del Codice della proprietà intellettuale.

PREMESSA	11
CAPITOLO UNO	**13**
L'ENIGMA RIVOLUZIONARIO	13
CAPITOLO II	**17**
I MASSONI	17
CAPITOLO III	**33**
GLI ISRAELITI	33
CAPITOLO IV	**49**
PROTESTANTI	49
CAPITOLO V	**59**
LA SVIZZERA	59
CAPITOLO VI	**74**
L'INVASIONE STRANIERA DEL 1789	74
CAPITOLO VII	**103**
AUSTRIA	103
CAPITOLO VIII	**109**
LA PRUSSA	109
CAPITOLO IX	**130**
AGENTI INGLESI	130
CAPITOLO X	**154**
DA DOVE VIENE IL DENARO	154
CAPITOLO XI	**169**
L'INGHILTERRA E LA RIVOLUZIONE	169
DOCUMENTI DI SUPPORTO	**203**
Documenti diplomatici relativi all'azione inglese in Francia all'inizio della Rivoluzione	203
La condanna di Luigi XVI dalla Massoneria	211

STRANIERI NELLA LISTA DEI MEMBRI DEL CLUB DEI GIACOBINI NEL 1790 213
CONGRESSO DI FILALÈTHES (1785-1787) 216

GIÀ PUBBLICATO **221**

PREMESSA

In questo volume non attaccherò alcuna forma di governo, né criticherò alcuna opinione politica. Cercherò di studiare con imparzialità il contesto della Rivoluzione francese e, per dirla con le parole del compianto Albert Vandal, "di presentare come uno storico i fatti che appartengono alla storia".

CAPITOLO UNO

L'ENIGMA RIVOLUZIONARIO

Sembra, disse una volta Robespierre ad Amar, "che siamo trascinati da una mano invisibile che sfugge al nostro controllo: ogni giorno il Comitato di Pubblica Sicurezza fa ciò che ha deciso di non fare il giorno prima. C'è una fazione portata a perderlo, senza che possa scoprire i direttori[1] ".

Più si studia la storia della Rivoluzione francese, più ci si imbatte in enigmi. Innanzitutto, gli autori si contraddicono sulla maggior parte dei punti, tanto che se dovessimo accettare tutte le loro smentite e rettifiche, arriveremmo alla conclusione che non è successo praticamente nulla tra il 1789 e il 1793! Per quanto riguarda i rari eventi su cui concordano, non danno mai la stessa spiegazione.

Perché i cahiers degli Estati Generali sembrano essere stati dettati da un comitato occulto che ha sostituito le sue idee a quelle delle varie province francesi?[2] Chi, si chiede L. Madelin,[3] dopo

---

[1] Memorie di MALLET DU PAN, t. II, p. 69.

[2] *Rivista di questioni storiche*. Luglio 1910. Articolo di M. G. GAUTHEROT.

[3] *La Rivoluzione francese*: MADELIN, p. 36.

aver fatto redigere i cahiers, ha pagato la propaganda?

Lo stesso giorno, chi ha annunciato in tutta la Francia l'arrivo di briganti immaginari, pretesto per armare il popolo e creare una guardia nazionale?[4]

Perché, dopo aver sopportato alcuni sovrani alquanto discutibili, i francesi hanno ghigliottinato il più spavaldo, quello con le migliori intenzioni?

Fu un'assemblea realista, per ammissione dello stesso Aulard,[5] a proclamare la Repubblica; nessuno in Francia si definiva repubblicano, tranne un inglese, un prussiano e un belga, Thomas Paine, Anacharsis Cloots e François Robert.

L'obiettivo della Rivoluzione era la riforma degli abusi e la conquista della libertà? Avrebbe dovuto fermarsi alla fine del 1789. Il suo obiettivo era un cambiamento di regime? Avrebbe dovuto fermarsi al 10 agosto. Perché, secondo le parole di Granier de Cassagnac[6], le riforme che Luigi XVI aveva offerto per niente furono comprate al prezzo di quattro miliardi e cinquantamila teste?

Perché la Convenzione ha versato tanto sangue? È stato detto che le proscrizioni erano causate dall'odio del popolo per le classi privilegiate. Come spiegare allora la bassa percentuale di aristocratici ghigliottinati, circa il 5% di tutti i condannati?

I presidenti della Convenzione possono essere considerati i più immuni dalla proscrizione, in quanto rappresentavano la maggioranza dei proscrittori. Erano, come si dice, dalla parte del bastone. Quale spiegazione si può dare al loro destino: diciotto

---

[4] *Memorie di Mme de la Tour du Pin*, p. 191. *Memorie di Pasquier*, ecc.

[5] AULARD: *Histoire politique de la Révolution Française*, pag. 87 e 175.

[6] Cassagnac: Le *cause della Rivoluzione francese*.

furono ghigliottinati, otto deportati, sei imprigionati, ventidue messi fuori legge, tre si suicidarono e quattro impazzirono![7]

Tutto il popolo francese è contro di noi", disse Robespierre dal palco del Club dei Giacobini. La nostra unica speranza è rappresentata dai cittadini di Parigi. - Non ci creda troppo", rispose Desfieux, "anche a Parigi avremmo la meglio se il voto fosse segreto[8] ".

Da dove deriva l'ascendente di Robespierre su uomini che gli erano superiori per talento e intelligenza? Michelet, che non fa parte degli storici reazionari, osserva che Robespierre era un piccolo avvocato di mediocre figura, mediocre intelligenza e incolore talento.

"Come dice il signor G. Lebon su[9], "possiamo spiegare un tiranno circondato da un esercito, ma non la tirannia di un uomo senza soldati.

Il partito che spinse la Rivoluzione alla violenza "era diretto da una mano nascosta che il tempo non è stato finora in grado di far conoscere"[10].

Bailly, riprendendo anch'egli l'idea di Robespierre, scrisse nei suoi Mémoires[11] che non appena la Bastiglia fu presa, c'era "un motore invisibile che seminava opportunamente notizie false per perpetuare i disordini". Questo motore deve aver avuto un gran numero di agenti, e per aver seguito questo piano

---

[7] TAINE: *La Révolution Française*, t. III, p. 222.

[8] Buchez et Roux: *Histoire Parlementaire*, t. XX, p. 300. Sybel: *Histoire de l'Europe*, t. 1, p. 564.

[9] *La Révolution Française*, G. LEBON, p. 231.

[10] Alexis Dumesnil: *Prefazione ai Mémoires de Sénar*.

[11] *Memorie* di Bailly, tomo II, p. 33.

abominevole, occorre una mente profonda e molto denaro. Un giorno scopriremo chi era il genio infernale e chi ha fornito i fondi.

Infine, Lafayette scrisse anche il 24 luglio 1789: "Una mano invisibile dirige la plebaglia".

"Più ci siamo avvicinati agli strumenti e agli attori di questa catastrofe, più abbiamo trovato oscurità e mistero in essa, e questo non potrà che aumentare con il tempo[12].

Le menti semplici si accontentavano della spiegazione di Etienne Dumont: "La causa della Rivoluzione è la debolezza di Luigi XVI". È anche troppo facile attribuire gli eventi all'influenza del diavolo, come faceva J. de Maistre; per gli uomini che studiano seriamente la storia, c'è qualcos'altro. Disraëli, un ebreo molto intelligente che occupava un posto di rilievo nella politica inglese, ammetteva: "Il mondo è governato da personaggi ben diversi da quelli che non sono dietro le quinte immagina[13]". Ma si guardò bene dal fare i nomi dei leader nascosti della politica. Il dotto lavoro di G. Bord ha fornito una spiegazione molto curiosa e ben documentata degli eventi: la Rivoluzione fu dovuta a un complotto massonico[14].

C'è sicuramente molto di vero in questa affermazione; ma poi ci si scontra con un altro enigma: se la Rivoluzione è stata fatta dalla Massoneria, perché le logge sono state chiuse nel 1793 e soprattutto perché tanti massoni sono stati ghigliottinati?

Ma vediamo l'ipotesi della rivoluzione massonica.

---

[12] *Mémorial de Ste-Hélène*. t. II, p. 82.

[13] DE LANNOY: *La Révolution préparée par la franc-maçonnerie*, p. 14.

[14] Gustave Bord: *Il complotto massonico del 1789*.

CAPITOLO II

I MASSONI

I massoni, senza dubbio per eccesso di modestia, hanno sempre negato di essere gli autori della Rivoluzione francese. I loro avversari politici sono stati spesso trattati come fantasisti che attribuiscono torbide attività a una società caritatevole; ma quando sono al riparo da orecchie profane, il linguaggio dei massoni non è più lo stesso. Il fr. Sicard de Plauzoles aveva appena dichiarato al convento del 1913: "La Massoneria può con legittimo orgoglio considerare la Rivoluzione come la sua opera[15]. Nel convento del 1910, fr. Jouvin parlò anche dell'azione massonica del 1789, affermata anche da fr. Louis Blanc nella sua storia della Rivoluzione francese.

Ma è stato soprattutto il Congresso massonico internazionale del 1889 a fornire dettagli interessanti su questo tema. In occasione del centenario della nostra Rivoluzione, fr. Amiable e Colfavru hanno letto al Grande Oriente del 16 luglio due relazioni ben documentate, riassunte qui di seguito:

"All'inizio del 1789, i massoni parteciparono attivamente al grande e salutare movimento che ebbe luogo nel Paese. La loro influenza fu preponderante nelle assemblee del Terzo Stato, per la redazione dei cahiers e per la scelta dei rappresentanti eletti...

---

[15] *Massoneria* TOURMENTIN *smascherata*. 10 marzo 1911.

Ebbero un ruolo meno rilevante nelle assemblee dei due ordini privilegiati. Tuttavia, l'influenza della Massoneria è ancora visibile nelle numerose proposte di riforma contenute nei cahiers della nobiltà e del clero...

I massoni penetrarono in gran numero nell'Assemblea Nazionale e, per mostrare il posto che occuparono fin dall'inizio, basta citarne tre: Lafayette, Mirabeau e Sieyès[16].

... Il progetto dell'Encyclopédie era stato elaborato con undici anni di anticipo dalla Massoneria...

L'Assemblea Nazionale era passata dai programmi e dai desideri espressi nei quaderni dopo essere stati preparati nelle logge. Nel 1789, la grande famiglia massonica francese era in piena fioritura. Aveva accolto Voltaire nella famosa Loggia delle Nove Sorelle, presieduta da Lalande. Conosceva Condorcet, Danton, Robespierre, Camille Desmoulins... I più illustri avrebbero fondato il nuovo edificio sociale e politico su questi luminosi principi: Libertà, Uguaglianza, Fraternità. Ma quando avrebbero portato a termine il loro sublime compito, sarebbero tutti morti...

Nel 1792, i massoni dovettero dedicarsi all'adempimento di doveri civici sempre maggiori: il servizio nella Guardia Nazionale, il servizio militare, l'incessante lavoro delle società popolari per sostenere l'Assemblea Nazionale, per sventare le manovre dei funzionari del vecchio regime non ancora sostituiti, le ripetute elezioni, i mandati assunti e le funzioni esercitate a tutti i livelli nel comune, nel distretto, nel dipartimento e nello Stato. Ecco perché i templi massonici, gradualmente disertati, rimasero vuoti.

---

[16] Verbali delle sessioni del Congresso Massonico Internazionale del 1889. Relazione del P. Amiable, p. 68 e segg. Amiable, p. 68 ss.

Dopo un'assemblea generale nel dicembre 1792, il Grande Oriente cessò di funzionare a metà del 1793. Un numero molto ridotto di logge isolate fu in grado di continuare il proprio lavoro. Fu un'eclissi di quasi tre anni[17].

È deplorevole che questi documenti non forniscano una spiegazione alla domanda che abbiamo posto all'inizio di questo volume: come mai un'associazione così potente non fu in grado di arginare il torrente rivoluzionario e di opporsi alla proscrizione dei più illustri massoni?

L'azione massonica del 1789, ignorata da tanti storici, non è una scoperta recente, poiché già nel 1792 Le Franc scriveva: "Tutto ciò che abbiamo visto realizzare dai club era stato preparato a lungo nelle logge massoniche[18] ". Le rivelazioni di Le Franc furono anche la causa della sua condanna a morte.

Come i club, anche la Massoneria è di importazione inglese[19] ; la prima loggia fu fondata intorno al 1725 a Parigi da alcuni inglesi, il più noto dei quali era Lord Derwent Waters, che fu poi decapitato in Inghilterra per aver preso le armi a favore del pretendente Carlo Edoardo. Nel 1736, Lord Harnouester fu eletto Gran Maestro dalle quattro logge di Parigi e gli succedette il Duca d'Antin. Già sotto Luigi XV, le dottrine internazionaliste della Massoneria cominciavano a farsi sentire: sorprende leggere la seguente frase in un discorso del Gran Maestro del 1760: "Il mondo intero non è che una grande repubblica, di cui ogni nazione è una famiglia". È per diffondere queste massime essenziali che la nostra società è stata fondata".

Centocinquant'anni dopo, questa è esattamente la conclusione

---

[17] Relazione di F.-. Colfavru al Congresso del 1889.

[18] N. Le Franc: *Congiura contro la religione cattolica e i sovrani*.

[19] Secondo il *Précis sur la Franc-maçonnerie* di César Moreau, l'esistenza di questa società segreta in Inghilterra risale alla fine del III secolo.

della relazione di fr. Amiable al Congresso del 1889: "Una repubblica universale e democratica è l'ideale della Massoneria".

In ogni epoca, un programma di pace e fratellanza universale deve piacere a molti uomini con ottime intenzioni. Ma gli eventi del 1914 hanno appena dimostrato quanto sia pericoloso cedere a sogni pacifisti, suggeriti da un vicino che si arma silenziosamente.

Dopo la chiusura della Gran Loggia di Francia nel 1767, alcune officine continuarono a riunirsi; alcune logge erano sotto la giurisdizione della Gran Loggia d'Inghilterra o di altre potenze straniere [20]. La tabella delle Logge massoniche nella corrispondenza del Grand Orient de France del 1789 mostra quattro Logge del Direttorio scozzese e sei Grandi Logge provinciali, tra cui una a Friedrichstein in Westfalia. In totale, c'erano 629 logge, di cui 63 a Parigi, 442 nelle province, 38 nelle colonie, 69 collegate a corpi militari e 17 in paesi stranieri.

L'Inghilterra non aveva quindi cessato di esercitare la sua influenza sulla Massoneria francese; torneremo più avanti su questo importante dettaglio.

Sotto Luigi XVI, la Massoneria aveva fatto rapidi progressi in Francia e si stava gradualmente preparando a un cambiamento di regime. P. Amiable aveva quindi ragione di concludere nella sua relazione al Congresso del 1889 Amiable aveva quindi ragione a concludere nella sua relazione al Congresso del 1889: "I massoni del XVIII secolo hanno portato alla Rivoluzione francese".

Gli ordini privilegiati si erano fusi con il Terzo Stato nelle logge prima di farlo a Versailles. Gli ufficiali di rango modesto erano visti come subordinati nelle logge a coloro che li

---

[20] Compte rendu des séances du congrès maçonnique international de 1889. p. 66.

comandavano nel reggimento. Il sergente delle Guardie francesi teneva riunioni con gli ufficiali generali[21]. Si può immaginare quale fosse il risultato in termini di disciplina.

Ad esempio, nella loggia "Union de Toul Artillerie", il sergente Compagnon, membro venerabile, era il superiore del maresciallo de Camp d'Havrincourt[22]. I più grandi signori e principi del sangue si unirono gradualmente alla setta.

"L'esistenza dei gradi superiori fu loro accuratamente nascosta; essi conoscevano della Massoneria solo quanto poteva essere loro mostrato senza pericolo". Poiché la setta comprendeva un gran numero di uomini "contrari a qualsiasi progetto di sovversione sociale, gli innovatori moltiplicarono i gradi della scala da salire, creando retrobottega riservati alle anime ardenti[23]". Furono questi retrobottega a preparare e dirigere la Rivoluzione, mentre la maggioranza dei membri credeva di far parte di un'associazione filantropica. Mentre le logge parigine davano feste e banchetti, i massoni stranieri cospiravano attivamente. Gli Illuminati di Weishaupt progettano di rovesciare tutte le monarchie. Secondo Gustave Bord, non predicano l'assassinio dei sovrani, come sono stati spesso accusati di fare; se lo facessero, ispirerebbero orrore alla maggior parte degli iniziati. La setta è molto più temibile quando finge di avere idee generose. A poco a poco crea un movimento di opinione rivoluzionario e distrugge il rispetto della gente per i re.

Gli Illuminati non affidano mai le loro lettere all'ufficio postale; i membri della società vanno da una casa all'altra per

---

[21] Verbali delle sessioni del Congresso Massonico Internazionale, pag. 60.

[22] MADELIN: *La Révolution*, p. 24.

[23] Louis BLANC: *Histoire de la Révolution Française*, t. II, cap. 2.

portare e ricevere gli avvisi di interesse per l'associazione[24].

Tuttavia, si ammette che la morte di Gustavo III fu un crimine commesso dagli Illuminati. Se sono stati sospettati di altri omicidi, bisogna ammettere che le apparenze erano contro di loro. Due sovrani in Europa si dichiararono ostili alla Rivoluzione, il re di Svezia e l'imperatore d'Austria: il primo, contrariamente al consiglio del suo ambasciatore Staël Holstein, voleva intervenire in Francia quando fu assassinato. L'imperatore morì, si dice, a causa della sua dissolutezza; tuttavia, non si può fare a meno di notare che il 19 febbraio 1790, al ballo di corte, stava abbastanza bene quando una donna mascherata gli offrì un dolce. Ventiquattro ore dopo era morto.

Mirabeau, schierandosi con il re, potrebbe fermare la Rivoluzione. Non appena le società segrete cominciarono a sospettare di lui, si verificò uno strano incidente: Pellenc e Frochot, dopo aver preso il caffè destinato a Mirabeau, si ammalarono gravemente. Quando il famoso tribuno si ammalò, pensò di essere stato avvelenato; fu dato ordine di dire che stava morendo a causa dei suoi eccessi, come l'imperatore d'Austria; tuttavia, sette medici conclusero che era stato avvelenato: il dottor Larue, il dottor Chêvetel, il dottor Forestier, il dottor Paroisse, il dottor Roudel, il dottor Couad e il dottor Soupé[25]. Fourcroy, futuro membro dell'Académie des Sciences, disse a Cahier de Gerville che Mirabeau era morto a causa di un veleno minerale e che il silenzio era stato mantenuto per evitare disordini[26].

Bisogna ammettere che il caso ha servito mirabilmente i piani

---

[24] *Revue des Sociétés Secrètes*, 20 maggio 1913.

[25] *Memorie di Mirabeau*, t. VIII, p. 464.

[26] *La Révolution, La Terreur, Le Directoire*, di DESPATYS (basato sulle memorie di A. GAILLARD, presidente del Direttorio esecutivo di Seine-et-Marne).

rivoluzionari, il che spiega le accuse impossibili da dimostrare.

Gustave Bord negò i crimini attribuiti ai massoni, ma riconobbe che gli Illuminati di Baviera stavano lavorando "*con ogni mezzo possibile*" per far cadere i governi monarchici.

Ecco cosa disse Cagliostro a proposito della sua iniziazione alla setta: "I primi colpi della congiura contro i troni dovevano raggiungere la Francia; dopo la caduta della monarchia, Roma doveva essere attaccata". Cagliostro apprese che la società segreta di cui ora faceva parte aveva forti radici e possedeva una cassa di guerra. "Ricevette dalla setta una grossa somma di denaro, destinata alle spese di propaganda, istruzioni e partì per Strasburgo[27]. Due delegati, Busche e Bode, furono poi inviati a Parigi per raggiungere un accordo con le logge francesi. Secondo le memorie di Georgel, i leader della setta decisero di partire dalla Francia perché la Germania non era ancora pronta per la Rivoluzione. Perché non ipotizzare anche che la nostra monarchia cattolica fosse invisa all'israelita Weishaupt? Fu lui a inviare il suo correligionario Cagliostro per preparare la massoneria francese ad accettare la guida degli Illuminati tedeschi. Fu lui a cercare di creare una federazione internazionale di logge[28]. Nello stesso periodo, Tommaso Ximenès viaggiava per l'Europa con una missione della setta; Cagliostro lo incontrava in un gran numero di città, sempre sotto nomi e travestimenti diversi, spargendo denaro ovunque.

Durante il suo viaggio a Berlino, Mirabeau entrò in contatto con gli Illuminati e vale la pena di confrontare la sua opinione di allora con la sua condotta successiva. Il loro partito", scrisse, "sta guadagnando terreno nel modo più spaventoso". L'aneddoto è

---

[27] Louis BLANC: *La Révolution Française*, t. II, cap. 2.

[28] Relazione letta alla riunione plenaria delle logge Pace e Unione e Libera Coscienza all'Orient de Nantes il 23 aprile 1883. Dasté: *Marie Antoinette et la Révolution*, p. 194. Omnia Veritas Ltd, www.omnia-veritas.com.

sostituito da un punto fermo nelle varie edizioni delle opere di Mirabeau; il manoscritto si trova negli archivi del Ministero degli Affari Esteri[29].

"Due uomini di nascita distinta, entrambi al servizio, entrambi ancora massoni zelanti, avevano creduto di vedere nelle società massoniche delle risorse, l'uno per la sua ambizione, l'altro per l'umanità... Erano destinati ai gradi più alti... Furono iniziati lo stesso giorno, uno a Berlino, l'altro a Breslau....

Il destinatario deve digiunare per 24 ore... poi è costretto a bere un liquore spiritoso, e viene messo in una stanza drappeggiata di nero, illuminata da tre candele gialle. Appaiono cinque uomini, vestiti da maghi, che si siedono su cuscini; si sentono diversi colpi terribili, seguiti da gemiti e convulsioni. Un uomo si avvicina all'iniziato e gli pone sulla fronte un nastro d'aurora ricoperto di caratteri d'argento; un secondo nastro, contrassegnato da diverse croci tracciate con il sangue, gli viene messo al collo. Infine, gli viene consegnata una seconda croce di rame con dei geroglifici, una sorta di amuleto ricoperto di stoffa e un pezzo di allume, che si suppone debba mettere in bocca quando appare lo spirito infernale che è stato evocato...

Consisteva nella promessa di rivelare al capo dell'ordine tutti i segreti che potevano essere confidati o scoperti, di esplorare tutto ciò che era importante sapere; di usare il ferro o il veleno se necessario; di rendere ridicoli coloro i cui giorni era imprudente tagliare. (Questa parte del giuramento include le parole: *honora semper aquam nefariam*). Sottoporre ogni religione, ogni promessa, ogni dovere, ogni sentimento alla decisione dei capi. Dare il diritto di morte a chiunque potesse essere convinto di aver tradito i segreti a loro affidati.

Questo esecrabile giuramento fece talmente orrore ai proseliti

---

[29] Prussia: memorie e documenti, v. 14.

che dichiararono di non poterlo accettare. Questi sono i dettagli letteralmente concordanti rivelati da due uomini ritenuti persone d'onore, senza consultarsi o vedersi. Non si dica: ma come fanno questi due uomini a essere ancora vivi? Perché, a parte il fatto che uno di loro, il più scaltro, sta visibilmente appassendo, non era sotto Federico II che si potevano far sparire due ufficiali illustri.

... Questa setta omicida, che tiene sotto la punta della spada o del veleno re, filosofi e menti coraggiose, ha capi, ministri e comunicazioni regolari. I capi provinciali sono stati chiamati a Berlino dal loro sommo sacerdote, l'ambizioso Welner.

L'anno successivo, i delegati degli Illuminati a Parigi furono presentati da Mirabeau alla loggia degli Amis Réunis e fu conclusa un'alleanza tra la Massoneria francese, gli Illuminati e i Martinisti. Qual è la ragione di questo voltafaccia del famoso oratore? Probabilmente l'influenza della bella Henriette Herz; in tutti i tempi la bellezza delle donne ebree è stata uno degli strumenti della conquista israelita. Il salone Mendelssohn, dove Mirabeau incontrò Henriette Herz, era un luogo di incontro degli Illuminati. Se rifiutiamo questa ipotesi, possiamo comunque supporre che sia stato concluso un accordo in un momento in cui Mirabeau aveva bisogno di denaro.

La loggia "Amis Réunis", dove Mirabeau introdusse i delegati tedeschi, si occupava in particolare delle relazioni con l'estero. Presieduta da Savalète de Lange, era gestita da un comitato segreto composto da Willermoz, Court de Gébelin, Bonneville, Mirabeau e Chappe de la Heuzière, deputato martinista al Congresso di Willhemsbad. Questo comitato aveva già convocato un convento internazionale il 15 febbraio 1885, con la partecipazione di Talleyrand, Cagliostro, St-Martin, Mirabeau e St-Germain. Se si riuscisse a scoprire i verbali di queste riunioni, essi fornirebbero senza dubbio la chiave di lettura della maggior parte degli eventi della Rivoluzione. Ma i resoconti pubblicati dal

Monde Maçonnique[30] hanno accuratamente soppresso tutto ciò che ha a che fare con la politica.

Ciononostante, contengono un elenco importante ed edificante sul quale richiamiamo l'attenzione degli autori che negano l'azione degli stranieri nella Rivoluzione francese.

Tra i membri del Convento, la maggior parte dei quali ha partecipato alle votazioni, ci sono :

Principe Ferdinando di Brunswick.

Principe Carlo d'Assia.

Principe Luigi d'Assia.

Principe Federico d'Assia.

Generale Rheinsfort (a Londra).

Barone di Bentz, Cancelliere di Sassonia.

Principe di Nassau.

Duca di Lussemburgo.

Barone di Seckendorf (ad Anspach).

Maubach (a Londra).

D'Ester (ad Amburgo).

Brooks (a Londra).

Schmerber (a Fransfort).

Boode, assessore a Weimar.

Heseltine (a Londra).

Il Margravio di Anspach.

---

[30] Il convento filaletico, 1785-1787. *Mondo massonico*, v. XIV e XV. Vedi documenti di supporto.

Baron Decking (a Varsavia).
Barone di Ditfurth, Weimar.
Conte d'Esterrazzi[31], a Vienna.
Deick, professore a Leipsick.
D'Haugwitz[32].
Forster.
Barone di Gleichen (a Ratisbona).
Principe di Anhalt (ad Amburgo).
Hemerberg (a Francoforte).
Matolay (in Vienne).
Docteur Prévost (Galizia).
De Roskampf, consigliere comunale di Heilbronn.
Il dottor Stark (a Darmstadt).
De Toll (Stoccolma).
Toedon, chirurgo militare a Berlino.
Conte Zapary (Vienna).
Conte di Wachter (Francoforte).
Comte de Stroganoff (St-Pélersbourg).
Conte Wolner (Berlino).
Barone di Sibal (Stoccolma).
De Bernières, Cre général des Suisses.
Kœner (a Leipsick).

---

[31] Rispettiamo l'ortografia del *mondo massonico*.

[32] Si tratta ovviamente del consigliere del re di Prussia, di cui parleremo più avanti.

Conte di Brülh, tenente generale al servizio della Sassonia...

Barone di Beulwiz (Gondelstadt-Turingia).

De Falgera[33], (Monaco), ecc...

A causa di questo sorprendente numero di massoni stranieri, fu approvata la seguente risoluzione: "Si terranno due protocolli, uno in tedesco guidato dal fr. Baron de Gleichen e l'altro in francese guidato da Fr. de Chefdebien[34] ".

Già l'affare della collana, abilmente architettato dalla loggia degli Amis Réuni[35], aveva compromesso la regina, screditato l'episcopato e accentuato la frattura tra la corte e il parlamento. Goethe suggerì che questo affare fu "l'immediata prefazione e il fondamento della Rivoluzione[36]. Già nel 1786, Cagliostro aveva previsto la distruzione della Bastiglia e alcuni degli eventi che si sarebbero verificati tre anni dopo[37].

A poco a poco, la Massoneria invase i parlamenti e l'entourage di Luigi XVI, fondando 81 logge a Parigi e più di 200 nelle province[38].

I parlamentari appartenevano alla Stretta Osservanza dei Templari Riformati in Germania, il cui Gran Maestro era il duca Ferdinando di Brunswick; fu quest'ultimo raggruppamento "a

---

[33] Il rapporto riporta che FALGERA si trova a Parigi con "la famosa Mlle Paradis".

[34] *Mondo massonico*, v. XIV, p. 104.

[35] DESCHAMPS: *Les sociétés secrètes*, t. II, p. 129.

[36] FUNK BRENTANO: *L'affaire du collier,-*, p. 2 ss.

[37] DE LANNOY: *La Révolution préparée par la franc-maçonnerie*, p. 39. Omnia Veritas Ltd, www.omnia-veritas.com.

[38] BARRUEL: *Mémoires sur* le *Jacobinisme*, v. p. 65.

sferrare il primo e più grave attacco alla monarchia[39].

L'influenza prussiana sulla Massoneria non era nuova: Già nel 1762, una commissione riunita a Bordeaux redigeva gli statuti del rito scozzese. Sappiamo che questo rito costituisce una sorta di aristocrazia all'interno della Massoneria. L'articolo 3 istituisce "un Sovrano Consiglio composto dai presidenti dei Consigli particolari, sotto la presidenza del Sovrano dei Sovrani, Sua Maestà Federico II, Re di Prussia, o del suo rappresentante[40] ".

Federico II si interessò al lavoro delle logge, mentre il Duca d'Orléans si limitò a partecipare a feste e banchetti. Nel 1786, pochi mesi prima della sua morte, il Re di Prussia presiedette personalmente il Supremo Consiglio, che aumentò il numero dei gradi del Rito Scozzese a 33[41].

La Union Lodge di Francoforte dichiarò di non riconoscere altra autorità che la Gran Loggia di Londra[42].

Un altro dettaglio indica l'accordo tra la muratoria inglese e quella prussiana: il 10 febbraio 1790 il principe Edoardo d'Inghilterra, il duca di Kent e il principe Augusto Federico duca di Sussex furono ammessi come membri di una loggia di Berlino[43].

I rivoluzionari avevano scoperto nella famiglia reale un uomo ambizioso disposto a rovesciare Luigi XVI per prendere il suo

---

[39] G. BORD: *Autour du Temple*, t. II, p. 501.

[40] Organizzazione in Francia dei 33 gradi del rito scozzese (Le *Monde maçonnique*. v. III, p. 155).

[41] Relazione di fr. PYRON.

[42] Findel: *Histoire de la franc-maçonnerie*, t. I p. 342.

[43] *Id.* nel vol. II, p. 14, F.-. FINDEL nega inoltre l'azione della Massoneria sulla Rivoluzione francese.

posto; questo principe senza scrupoli era così poco intelligente da credere che il motto massonico L. P. D. *(Lilia pedibus destrue)*, significasse Luigi Filippo d'Orléans. Poiché anche lui possedeva una magnifica fortuna, sarebbe stato il leader ideale: sarebbe stato usato per lanciare il movimento, e poi ci si sarebbe sbarazzati di lui. Il Duca d'Orléans fu quindi nominato Gran Maestro della Massoneria nel 1771, alla morte di Cte de Clermont. Ma il suo ruolo si limitò ad apparire di tanto in tanto in occasioni cerimoniali[44].

Alla fine del 1788, due direttori degli Illuminati tedeschi, Bode e Knigge, si recarono a Parigi per attivare i preparativi. All'apertura degli Estati Generali, fu fondata una loggia di propaganda al numero 26 di rue Richelieu; il Duca d'Orléans contribuì con 400.000 franchi e le sottoscrizioni, di cui non si trovano gli elenchi, aggiunsero 1.100.000 franchi. Tra i suoi membri c'erano gli inglesi Boyle, O'Kard, O'Connor, Price e William Howard, i genovesi Clavière, Duroveray e Verne, gli spagnoli Benarvides, St Severanda, d'Aguilar, d'Oyoso, il tedesco Grimm e altri. Lord Stanhope, uno dei leader della Massoneria inglese, era un assiduo frequentatore. Questo dimostra fino a che punto la Massoneria sembra essere stata influenzata dagli stranieri. Inoltre, Cagliostro ammise durante il processo di aver ricevuto la missione di preparare le logge francesi ad accettare la leadership degli Illuminati tedeschi.

Il conte di Haugwitz, uno dei capi della massoneria prussiana, confessò, uscendo dalla setta, che la Rivoluzione francese, il regicidio, ecc. erano stati risolti in Germania dalla Massoneria[45]. Questo spiega la parola attribuita a Mirabeau; indicando Luigi XVI all'apertura degli Stati Generali, il tribuno avrebbe

---

[44] Relazione del Congresso massonico del 1889, p. 52.

[45] Si veda l'articolo sulla condanna di Luigi XVI da parte della Massoneria nei documenti di supporto.

esclamato: "Ecco la vittima".

Vale la pena notare che dei 605 deputati del Terzo Stato, 477 appartenevano alla Massoneria.

Dopo il 17 giugno 1789", scriveva il giudice Colliette Mégret al ministro degli Interni François, "si sarebbe pensato di essere in una loggia dell'Assemblea Nazionale". La Massoneria ha dato un contributo prodigioso alla Rivoluzione [46]. "Mégret riporta la rinascita della Massoneria in Germinal An VII: "Le logge sembrano essere ricostruite da tutte le parti. Solo i cittadini provati sono accettati per il loro odio verso la regalità e l'anarchia, e per il loro attaccamento alla repubblica e alla Costituzione dell'Anno III. Qualsiasi membro che si discosti da questo punto di vista sarà espulso e proscritto".

In breve, la Massoneria è stata un meraviglioso strumento di demolizione; ma sembra essere stata impiegata dalla mano invisibile di cui parla Robespierre. L'impulso sembra essere venuto dalla Germania e dall'Inghilterra. Una volta rovesciata la monarchia, il potere della Massoneria diminuì, proprio nel momento in cui gli stranieri non avevano più bisogno dei suoi servizi. Durante il Terrore, le principali logge chiusero e molti dei leader della setta furono proibiti. Solo nel 1795 Rœltier de Montaleau si impegnò a far rivivere le logge. La prima grande celebrazione organizzata a Parigi da 18 logge ebbe luogo nel 1797. F.-. Colfavru ha osservato su[47] che "sotto il sinistro uomo di Brumaio, la muratoria si è sviluppata... ma ha potuto vivere solo adulando il despota". Essa continuerà a fare dichiarazioni di devozione e di fedeltà all'Impero, alla Restaurazione, a Luigi Filippo, a Napoleone III, ecc. Colfavru: "Nulla è più miserabile

---

[46] Archivi nazionali. F^7 7566 R^1 630.

[47] Relazione al Congresso Massonico Internazionale del 1789.

di queste adulazioni, di queste sicofanie del potere[48] ".

Chi non vuole ammettere la leadership anglo-prussiana della Massoneria nel 1789, può spiegare il ruolo della setta con l'antica tradizione templare: dalla morte di Jacque Molay, i Templari hanno sempre progettato di vendicarsi del re di Francia e del Papa. M. Tourmentin, famoso scrittore anti-massone, ha raccolto una serie di documenti curiosi sulle origini templari della Massoneria. D'altra parte, il fr. Jouaust[49] nega questa ipotesi e fornisce argomenti abbastanza validi a favore di un'origine puramente inglese.

Comunque sia, l'influenza inglese e persino quella prussiana durante il periodo rivoluzionario sembrano indiscutibili.

Dopo la caduta della monarchia, fu l'Illuminismo tedesco a lanciare l'idea della festa della Dea Ragione e a proporre una nuova religione, destinata a soppiantare il cattolicesimo. È poi quasi impossibile scoprire i rapporti della nostra Massoneria con altri Paesi. Basta ricordare un'osservazione molto accurata di F.-. Dequaire al Congresso del 1889: "Il grande movimento del 1789 è incomprensibile per chiunque non si sia preparato a studiarlo con l'aiuto della storia massonica".

Henri Martin ha giustamente definito le società segrete "il laboratorio della Rivoluzione".

---

[48] *Id*, pag. 75.
[49] *Le Monde Maçonnique*, v. VI, p. 9.

CAPITOLO III

GLI ISRAELITI[50]

La Massoneria è attualmente gestita dai leader della nazione israelita? Molti autori lo affermano, ma mancano le prove. In linea di principio, gli ebrei non fanno parte del Consiglio dell'Ordine. Tuttavia, nel 1886 il Fratello Hubert scrisse nella *Chaîne d'Union*, la rivista della Massoneria universale: "In tutti i tempi abbiamo accettato israeliti nelle nostre officine massoniche... La lista sarebbe lunga se volessi impegnarmi a enumerare i nomi - tra i più notevoli - di israeliti che hanno fatto o fanno tuttora parte della Massoneria"[51].

Bernard Lazare sostiene che nella culla della Massoneria c'erano degli ebrei[52].

Più tardi, un massone disse a M. de Camille: "Ho lasciato la mia loggia perché mi sono convinto che siamo solo lo strumento degli ebrei"[53].

Attualmente, circa il 20% dei membri della Massoneria

---

[50] Per evitare rettifiche, chiamiamo ebrei non solo coloro che praticano la religione ebraica, ma tutte le persone che appartengono alla *razza* israelita.

[51] Vedi *Revue des Société Secrètes*, 1918.

[52] Bernard Lazare: L'*antisemitismo, la sua storia, le sue cause*.

[53] Delassus: *La question juive*, p. 20.

inglese sono israeliti: 43.000 su 225.000⁵⁴. La Loggia Hiram è interamente ebraica.

In Prussia, invece, le logge principali non ammettevano israeliti.

Nel XVIIIᵉ secolo, gli ebrei non erano benvenuti nelle nostre logge.

Oggi non è più così e l'affare Dreyfus ha dimostrato l'influenza esercitata dagli ebrei sulla Massoneria. Ci si è chiesti se l'alleanza giudeo-massonica esistesse nel 1789. Ecco gli argomenti a favore di questa tesi: Weishaupt, fondatore dell'Illuminismo, era un israelita, così come Paschales e Martines, leader dei Martinisti.

Anche i primi due massoni a svolgere un ruolo politico erano ebrei, Cagliostro e Saint Germain. I due prussiani che si distinsero nell'assalto alla monarchia, Ephraim e Anacharsis Cloots, appartenevano alla stessa razza. I "riti religiosi di tutti gli Illuminati sono mutuati dalla Cabala"⁵⁵.

Infine, il rito Misraïm fu creato in Francia durante il Primo Impero da un avventuriero ebreo, Fratel Bédarrides.

I sostenitori della tesi opposta rispondono che mentre è certo che Cloots, Ephraim e Weishaupt erano ebrei, c'è qualche incertezza su Cagliostro, Paschales, Martine e St-Germain.

La situazione degli ebrei in Francia sotto Luigi XVI era del tutto inferiore; i capi della Massoneria appartenevano alle razze latina e anglosassone.

---

[54] Theo. Dedalus : *Inghilterra ebraica.*

[55] DELASSUS: *Il problema dell'ora presente.*

Comunque sia, è curioso confrontare il numero esiguo di israeliti che vivevano a Parigi all'epoca della Rivoluzione con l'importanza del ruolo da loro svolto. Sappiamo qual era la loro situazione sotto la monarchia; è naturale che gli ebrei fossero favorevoli a un cambiamento di regime. Inoltre, poiché le società segrete attaccavano il cattolicesimo, gli ebrei erano naturalmente alleati dei massoni, e avrebbero continuato ad esserlo sotto tutti i regimi. Per dirla con le parole di E. Flourens, "l'opera di demolizione non si fermerà finché il regno di Israele non si ergerà sulle rovine degli imperi cristiani".

Non dobbiamo dimenticare le parole di un rabbino inglese citate da Sir J. Readcliff[56] : "Ogni guerra, ogni rivoluzione avvicina il momento in cui raggiungeremo l'obiettivo supremo verso il quale stiamo lottando". È noto che questo obiettivo è l'affermazione della supremazia della razza ebraica sul mondo intero.

Ecco il piano esposto nei verbali delle riunioni segrete dei saggi di Israele, a proposito dei rapporti con la Massoneria: "Moltiplicheremo le logge massoniche in tutti i Paesi del mondo; esse saranno centralizzate sotto un'unica guida nota solo a noi e sconosciuta agli altri. Avranno il loro rappresentante nel nostro Consiglio di Amministrazione, dove questo rappresentante sarà in contatto con il governo massonico apparente"[57].

La Massoneria ha sempre sostenuto le rivendicazioni ebraiche; già nel 1781, un israelita, Morin, era il Grande Ispettore Generale della Massoneria di Parigi[58]. Fu in un salotto israelita, a casa della famiglia Mendelssohn, che Mirabeau entrò in contatto con gli Illuminati, il cui fondatore Weishaupt era ebreo. Dal giorno in cui Mirabeau incontrò la bella Henriette Herz in

---

[56] *Le Contemporain*. 1er luglio 1880.
[57] Protocolli di Israele. Edition de la vieille France, pag. 54.
[58] Lecouteulx de Canteleu: *Sette e società segrete*.

questo salotto, divenne il difensore degli israeliti in Francia[59].

Solitamente assorbiti dai propri affari, gli ebrei di Francia sembravano non avere nulla a che fare con la politica sotto Luigi XVI. I primi ebrei a svolgere un ruolo sono stati un siciliano, Cagliostro, e un portoghese, St-Germain, che hanno fatto da tramite tra la massoneria straniera e le logge francesi.

Balsamo, figlio di un banchiere, aveva lasciato l'Italia per evitare una condanna per falsificazione; si era guadagnato qualche soldo a Londra ricattando la Germania. Lì divenne medico e conte di Cagliostro. Quando arrivò a Strasburgo nel 1780, eseguì guarigioni meravigliose[60], conquistò la simpatia di tutti e ispirò una fiducia illimitata al cardinale de Rohan. Trovò il modo di non compromettersi troppo nella vicenda della collana, ma nonostante ciò fu esiliato e si stabilì a Londra. Dopo vari viaggi in Italia, Germania, Svizzera, ecc., Cagliostro fu condannato a Roma per la sua appartenenza a società segrete e la sua movimentata carriera si conclude in carcere.

Si dice che St-Germain fosse il figlio naturale del re del Portogallo. In realtà, non siamo certi della vera patria del padre; crediamo solo che fosse un banchiere israelita, probabilmente portoghese. A Milano San Germaino era chiamato cavaliere Valdone, a Vienna marchese di Montferrat, a Venezia conte di Bellemare, in altri Paesi conte di Tzagory, conte Soltikof o cavaliere Schœning. Inoltre, parlava tutte le lingue, il che facilitava le sue metamorfosi[61].

---

[59] Claudio Janet : *I Precursori. Società segrete.*

[60] Tuttavia, le sue cure avevano un inconveniente: nei casi gravi, poteva curare la malattia solo inviandola a un'altra persona (cfr. Dauphin Meunier, *La Comtesse de Mirabeau*).

[61] Lenôtre : *Prussiens d'hier et de toujours. L'espion sorcier du roi de Prusse*, p. 141.

St-Germain riuscì a conquistare la fiducia di Luigi XV e, secondo M. Lenôtre, fece la spia per Federico II. Suscitò i sospetti del governo francese a tal punto che Choiseul ne ordinò l'arresto nel 1759; ma St-Germain fuggì e si rifugiò a Londra; dopo la Guerra dei Sette Anni accettò l'ospitalità del principe Carlo d'Assia e rimase con lui fino alla morte.

St Germain indossava fino a 200.000 franchi di diamanti sui suoi abiti e, come Cagliostro, disponeva di ingenti somme di denaro. Casanova[62] descrive così la sua presentazione a Saint Germain: "Era vestito con abiti armeni e un cappello a punta. Teneva in mano una bacchetta d'avorio. Mi disse in tutta serietà: "È il conte di Cobentzel, primo ministro d'Austria, che mi dà lavoro. Per fargli piacere, sto lavorando alla creazione di una fabbrica".

Casanova aggiunge che San Germain cambiò davanti a lui una moneta da dodici penny in una moneta d'oro. È esattamente lo stesso procedimento di Cagliostro: convincere gli sciocchi di possedere un potere soprannaturale e, sotto la copertura dell'eccentricità, portare a termine nell'ombra le missioni delle società segrete.

I primi pamphlet contro Maria Antonietta vennero pubblicati a Londra dall'ebreo Angelucci, che in Inghilterra si faceva chiamare W. Hatkinson. Vedremo nel capitolo VIII come l'intera campagna contro la regina fu organizzata dall'ebreo Ephraim. Poiché Maria Teresa d'Austria aveva perseguitato gli israeliti, era stato deciso di vendicarsi dei suoi discendenti; il carceriere Simon se ne occupò.

Il libro dell'ebreo prussiano Dohm sull'emancipazione degli israeliti "ha avuto più influenza di quanto si possa dire

---

[62] *Memorie di Casanova*, vol. IV, p. 265.

sull'apertura della Rivoluzione"[63]. L'ebreo", ha detto Bernard Lazare, "ha uno spirito rivoluzionario, consapevole o meno"[64]. Il giornale ebraico *Haschophet* ha recentemente affermato che la Rivoluzione francese fu un'opera puramente semitica[65].

Va notato che gli enciclopedisti che lanciarono il movimento rivoluzionario erano antisemiti e Voltaire, tra gli altri, definì gli ebrei "la più odiosa e vergognosa delle piccole nazioni[66] ". Nel suo dizionario filosofico, nota che essi hanno "l'odio più invincibile per i popoli che li tollerano e li arricchiscono".

Ma quando i filosofi avevano messo tutto sottosopra, gli israeliti furono i primi ad approfittarne, con la loro solita abilità.

Luigi XVI aveva deciso nel 1788 che i diritti civili sarebbero stati concessi agli israeliti. Non sembra che gliene sia stato grato e la Rivoluzione se ne è presa tutto il merito. - Troviamo questa osservazione negli scritti di un israelita molto valido che ha abbracciato il cattolicesimo, l'abbé J. Lémann. Anche lui formulò l'inconveniente della decisione di Luigi XVI con grande finezza e giudizio: "Gli ebrei hanno sempre voluto formare una nazione separata e impenetrabile;... renderli cittadini sarebbe introdurre una nazione armata in una nazione disarmata e fiduciosa"[67].

In effetti, una delle grandi abilità degli israeliti è stata quella di trasformare una questione di razza in una questione di religione; in questo modo hanno potuto accusare gli antisemiti di intolleranza religiosa e spesso ottenere il sostegno dei protestanti

---

[63] J. Lémann: *L'entrée des Juifs dans la société Française* p. 373.

[64] Bernard Lazare: L'*antisemitismo, la sua storia, le sue cause.*

[65] Mons. Delassus: *La question Juive*, p. 18.

[66] *Dio e gli uomini.* Cap. X. Theo. Dedalus: *Inghilterra ebraica.*

[67] J. Lémann: *L'entrata degli israeliti nella società francese*, p. 397.

contro i cattolici. Nelle parole di Portalis, essi sono "non tanto una religione quanto un popolo che esiste tra tutte le nazioni senza fondersi con esse"[68].

Non appena Malesherbes annunciò la decisione reale di emancipare gli israeliti, gli ebrei non persero tempo a proporre il banchiere Haller come candidato al portafoglio delle finanze. Ma era ancora troppo presto per sfidare i pregiudizi; inoltre, secondo la corrispondenza di Mercy Argenteau, Haller aveva la reputazione di un agioteur senza scrupoli.

Quasi tutti gli israeliti che ebbero un ruolo all'inizio della Rivoluzione arrivarono dall'estero. Quelli che si trovavano in Francia, soddisfatti della loro sorte, non avevano più motivi per ribellarsi. Tuttavia, lo slogan di rovesciare la monarchia e il cattolicesimo rimase invariato, ed essi seguirono i loro correligionari stranieri con la solidarietà e la disciplina che erano la loro forza. Durante il periodo rivoluzionario, gli ebrei non rimasero inattivi", afferma M. B. Lazare[69]. Dato il loro numero esiguo a Parigi, occuparono posizioni di rilievo come elettori di sezione, ufficiali di legione o assessori, ecc. Dei 500 israeliti parigini, cento erano nella guardia nazionale[70].

Secondo M. E. Drumont, Marat era di origine ebraica; anche uno dei suoi biografi, Cabanes, ha citato questa ipotesi, che non abbiamo potuto verificare. Ma secondo la maggior parte degli autori, erano ebrei anche il ministro delle finanze Clavière[71] e certamente i due prussiani che ebbero un ruolo importante nella Rivoluzione.

---

[68] Denais Darnay: *Gli ebrei in Francia*.

[69] Bernard Lazare: L'*antisemitismo in Francia*.

[70] Monin: *Gli ebrei di Parigi*. L. Kahn: *Gli ebrei di Parigi durante la Rivoluzione*.

[71] Tuttavia, il signor Chuquet non è d'accordo.

Clavière, espulso da Ginevra nel 1782, fece fortuna in borsa; collaboratore di Mirabeau e Brissot, pubblicò la *Chronique du mois* con Condorcet; scrisse anche per il *Courrier de Provence*. Clavière era membro della Massoneria. Se si crede al dizionario Larousse, egli vendette a una loggia massonica un procedimento per la preparazione della Pietra filosofale, che prevedeva la calcinazione di un neonato in una storta! Il Larousse non dice quali furono i risultati industriali. Ma la Rivoluzione permise presto a Clavière di riuscire in operazioni ancora più fruttuose: responsabile delle finanze nel ministero Dumouriez nel 1792, fu licenziato insieme a Roland e tornò al potere dopo la partenza di Dumouriez.

Clavière è stato accusato di essere un agente dell'Inghilterra; in ogni caso, era in frequente contatto con i banchieri Boyd e Kerr, agente di Pitt a Parigi. Allo stesso tempo, mantenne una corrispondenza attiva con Bichoflswerder e Lucchesini, consiglieri del re di Prussia e massoni militanti.

Messo fuori legge con i Girondini, Clavière fu arrestato il 2 giugno 1793. Era stato direttore di una compagnia di assicurazioni sulla vita; i liquidatori lo perseguirono: 1° "Per il furto di circa quattro milioni che sono in deficit nel fondo. Per il furto di circa quattro milioni che sono in deficit nel fondo. 2° Per aver rubato azioni il cui valore è stimato in due o tre milioni. 3° Per aver fabbricato documenti e delibere destinati a coprire le tracce di questo furto"[72]. Poiché Clavière si suicidò in prigione, il processo fu interrotto, ma suo fratello fu arrestato mentre stava per portare i suoi risparmi a Ginevra (3 Frimaire, anno 2). Questo fratello era appena entrato nel ministero degli Affari esteri. Il dossier tace sulla fine della sua carriera; si parla solo del suicidio di Madame Clavière due giorni dopo il marito.

I due fratelli Clavière erano spesso visitati in prigione dal loro

---

[72] Archivi nazionali. F. 7 4649.

correligionario, il banchiere Bidermann[73].

Stabilitosi a Pari nel 1789, Bidermann fu nominato tre anni dopo tesoriere del Ministero degli Affari Esteri e scelse J.-J. Clavière, fratello del ministro, come suo impiegato. Fu relatore di una deputazione inviata dalla Comune di Parigi alla Convenzione; poco dopo prese parte attiva all'insurrezione del 10 agosto. Quando fu arrestato durante il Terrore, i suoi amici sottolinearono che Bidermann "non ha mai smesso di lavorare per la Rivoluzione... È svizzero; lui e tutta la sua famiglia sono sempre stati annoverati tra i più ardenti amici della Rivoluzione francese"[74]. Il rapporto al Tribunale Rivoluzionario rileva che nella notte tra il 9 e il 10 agosto, Bidermann non lasciò per un attimo il Consiglio Generale della Comune per "preparare il trionfo della libertà e sventare il complotto della Corte". Fu su sua richiesta che il Pont-Neuf fu sgomberato dai cannoni che la Corte vi aveva fatto piazzare per sparare sul popolo... In novembre fu scelto da Pache per essere uno dei direttori della commissione di sussistenza[75], fu perseguitato da Dumouriez e Custines e fu il primo a rivelare il loro tradimento[76] ". Una lettera di Madame Bidermann segnalava inoltre al Comitato di Pubblica Sicurezza gli "innumerevoli sacrifici fatti da suo marito per contribuire al successo della Rivoluzione", un discreto riferimento alle somme versate dal banchiere a personaggi politici. Se, come in un processo moderno, un finanziere minacciasse di fare i nomi, ciò non sarebbe implausibile. In ogni caso, Bidermann, rilasciato il 19 Termidoro, poté riprendere tranquillamente le sue speculazioni finanziarie.

---

[73] Archivi nazionali. W¹ 300.

[74] Archivi nazionali. F. 7 4598.

[75] Abbiamo descritto il ruolo antipatriottico di questo comitato nella storia del generale Dumouriez (volume pubblicato da Perrin nel 1913). Ma personalmente Bidermann non sembra aver commesso alcun illecito.

[76] Archivi nazionali. F 7 4598.

Recenti pubblicazioni hanno fatto luce sul ruolo dei fratelli Frey, che sposarono la loro sorella con il famoso Chabot e furono per un certo periodo gli ausiliari di Jean de Batz[77]. Nati in Moravia, il loro vero nome era Dobruska; uno di loro prese il nome di Schœnfeld quando si convertì al cristianesimo. Secondo il rapporto dei commissari incaricati dell'affare Chabot, c'erano due Frey a Parigi, tre in Austria e una sorella mantenuta da un barone tedesco. Il rapporto non dice se fu questa sorella a diventare Madame Chabot. "Questi astuti e pericolosi intriganti si avvicinano di soppiatto a persone di grande reputazione e popolarità, sperando con il loro falso patriottismo di guadagnarsi la loro fiducia e di raggiungere le massime cariche della Repubblica"[78].

Ci si può chiedere perché i Frey, che godevano di un'ottima fortuna in Germania, dato che le loro terre erano valutate due milioni, si siano gettati nel tumulto rivoluzionario. Il bollettino della Corte risponde: "I Frey, agenti segreti di potenze straniere di cui dirigono la corruzione, ecc.

Emmanuel e Moïse Frey erano in realtà spie del governo austriaco e prestarono un servizio tale da far guadagnare a entrambi il titolo di barone[79]. Il famoso barone di Trenck raccontò che il maggiore Frey era venuto a Vienna per trafficare con la bellezza delle sue due graziosissime sorelle; esse suscitarono un tale scandalo che il governo austriaco le espulse. Trenck conosceva perfettamente questo personaggio e sapeva che era stato assunto come spia dagli imperatori Giuseppe e Leopoldo[80]. M. A. Mathiez lo ritiene affiliato alla Massoneria e

---

[77] Lenôtre : *Le Baron de Batz*, p. 45 ss. Barone di Batz: *La vita e le cospirazioni di J. de Batz*.

[78] Archives nationales, W. 342.648. L. Kahn: *Les Juifs à Paris pendant la Révolution*.

[79] Feuilles d'Histoire, 1er gennaio 1914. Articolo di M. P. Bart.

[80] Recueil de Tuetey. Vol. X¹, p. 235.

agli Illuminati di Weishaupt.

I fratelli Frey, che erano regolarmente in contatto con Ephraim, erano probabilmente impiegati anche dal governo prussiano.

Una volta in Francia, Moïse cambia il suo nome in Junius Frey. Insieme al fratello si iscrisse al club giacobino di Strasburgo, poi a quello di Parigi (giugno 1791), e si stabilì al 19 di rue d'Anjou. I due fratelli organizzavano cene eccellenti, con clienti abituali tra cui Chabot, Lebrun Tondu, Fabre d'Églantine, Éphraïm, Ronsin, Prohly, Pereyra e Desfieux.

Come membri del comitato insurrezionale, i Frey pagarono somme considerevoli per mantenere le bande cosmopolite che combatterono il 20 giugno e il 10 agosto[81]. Parteciparono a quest'ultima insurrezione e furono leggermente feriti. Questa fama non impedì loro di essere arrestati in seguito. Dopo la caduta della monarchia, i Frey sembrano passare al servizio dei controrivoluzionari e diventano agenti di Jean de Batz[82].

Fu su loro istigazione che Chabot e i suoi amici spararono ai Girondini; ma ben presto i Frey furono arrestati a loro volta, insieme a Chabot, al quale avevano fatto sposare la sorella. Furono accusati di "spendere due o tremila franchi al mese per la loro tavola, mentre il popolo si schiacciava alla porta del fornaio per avere un pezzo di pane[83]". Ciò che era più grave, e di cui non si osava parlare troppo, era la distribuzione di tangenti alla Convenzione. Un giorno, ad esempio, con la complicità di Delaunay e Julien (di Tolosa), Frey affidò 150.000 livres a Chabot per provocare il panico finanziario. Un altro giorno, mentre Fabre d'Églantine attaccava violentemente la Compagnie

---

[81] Sybel: *Storia dell'Europa*, I, p. 397.

[82] Archives nationales, F. 7 4774. 67.

[83] Archives nationales, F. 7 4637.

des Indes, a Chabot fu chiesto di dargli 100.000 livres per farlo tacere. Egli conserva il denaro e sostiene di averlo dato a Fabre[84].

Nell'interrogatorio di Diederichsen, il factotum dei fratelli Frey, fu posta la seguente domanda: "Junius Frey non aveva frequenti conferenze con l'imperatore d'Austria? Diederichsen rispose: "Ero a conoscenza di queste conferenze senza sapere di cosa trattassero".

Junius ed Emmanuel Frey furono ghigliottinati contemporaneamente a Chabot.

Tra i frequentatori abituali delle cene dei fratelli Frey, abbiamo citato tre nomi che compaiono spesso nella storia della Rivoluzione: Pereyra, Proly e Desfieux. Pereyra, Proly, Desfieux. Il conte Proly era figlio naturale del ministro austriaco Kaunitz; Pereyra (Juda de Jacob), ebreo portoghese, era un commerciante di tabacco in rue Saint-Honoré[85] ; Desfieux era un commerciante di vini di Bordeaux. Per quale motivo li troviamo sempre a cena insieme da Madame de Ste Amaranthe, a speculare in borsa con azioni del Mar Rosso, membri del comitato d'insurrezione della Comune di Parigi e delegati del club giacobino all'esercito di Dumouriez[86]. Pereyra, membro del circolo di St-Roch e assessore del giudice di pace del distretto, è legato a Cloots, Hébert, Hérault de Séchelles e Ronsin; partecipa a tutte le rivolte, fa allontanare Kellermann dal circolo dei giacobini e chiede di perseguirlo. Partecipa alla caduta dei Girondini, si adopera per instaurare un triumvirato di Robespierre, Danton e Marat e poi, dopo la morte di Luigi XVI, si unisce ai controrivoluzionari. Pereyra, Proly e Desfieux

---

[84] Hamel: *Histoire de Robespierre*, t. III, p. 303.

[85] Ha iniziato come gioielliere a Bordeaux.

[86] Archives nationales. T. 1684.

guidano l'elenco degli agenti segreti di de Batz[87].

Pereyra aveva allora due residenze, al 55 e al 105 di rue St-Denis; denunciato da Barbaroux, poi da Robespierre, come facente parte di un comitato straniero, Pereyra fu arrestato durante il Terrore e ghigliottinato. Nel rapporto di attestazione si legge che dopo aver "sfrondato un gran numero di carte inutili, abbiamo compresso il resto in un cesto che abbiamo sigillato"[88]. Segue un'enumerazione di 96 lettere in inglese, 92 documenti in inglese, 73 documenti in inglese, 68 documenti in inglese e così via. È deplorevole che questi documenti siano scomparsi; essi conterrebbero senza dubbio prove dell'azione del governo inglese nei confronti di Pereyra e dei suoi amici.

Accanto a queste figure note, un gran numero di israeliti svolse un ruolo modesto nella Rivoluzione. Isaïe Spire si occupò del rifornimento delle truppe. Cerf Beer, banchiere del Faubourg Montmartre, fu fornitore degli eserciti e giurato del tribunale penale. Il tedesco Isaac Calmer, milionario in zoccoli, presidente del club rivoluzionario di Clichy, è noto per la sua violenza, mentre suo fratello Benjamin Calmer, agente di cambio, rimane un realista; in questo modo la famiglia ha appoggi in tutti i partiti. Nonostante i sospetti sul suo patriottismo, Benjamin Calmer fu nominato commissario per la liquidazione dei beni di Philippe Égalité. Probabilmente fu lui a essere descritto negli atti della Comune come "Calmer seigneur de la terre d'Ailly". Isaac Calmer dimenticò di raschiare i fleurs-de-lis dai camini del suo castello di Clichy-la-Garenne e fu denunciato dalle famiglie di molte delle sue vittime; i due fratelli furono ghigliottinati alla fine del Terrore[89].

Il tedesco Heymen è stato giudice di pace a Parigi. Isaïe Beer

---

[87] Archivi nazionali. F. 7 4774.
[88] Archives nationales. T. 1658.
[89] L. Kahn: *Ebrei a Parigi*.

Bing, autore di un volume sugli ebrei, è molto vicino a Éphraïm e frequenta con lui i circoli rivoluzionari. Era amico di Lafayette, Grégoire, Rœderer ed Emmery.

Hazan è membro del comitato di sorveglianza generale. D'Acosta comandava una compagnia della Guardia Nazionale. Rosenthal comanda la legione incaricata di sorvegliare il Tempio. Calman è commissario del distretto di Petits Pères. Il genovese Kermer è membro del club delle Tuileries. Il danese Diederichsen era l'uomo più fidato dei Frey. I banchieri Boyd e Kerr sono gli agenti segreti di Pitt a Parigi[90]. Z. Hourwitz, nato in Lituania, fu venditore ambulante a Berlino e a Parigi, poi curatore di manoscritti nella biblioteca del Re all'inizio della Rivoluzione. Sotto l'Impero fu professore di lingue straniere. Mayer, più occupato dalla speculazione che dalla politica, si dice abbia speso 300.000 livres per una sola cena offerta dopo il 9 Termidoro a dieci ministri e deputati[91].

Il comitato rivoluzionario comprendeva Jacob Reis, Léon Azur, Fould, Weisweiler e altri.

Gli israeliti di Parigi formarono un'associazione i cui leader firmarono un indirizzo all'Assemblea Costituente[92]. Questo documento ci dice che il presidente era Godschmit (forse si intendeva Goldschmidt), il vicepresidente Lagouna; Weil e Benjamin Fernandez erano chiamati elettori; Lévi, Jacob, Pereyra, Trenelle, Elie, Weil, Delcampo e Brandon deputati.

Un'altra petizione firmata da Mardochée (deputato) e Silveyra (agente) denunciava l'ingiustizia subita dagli ebrei di Parigi: erano trattati meno bene, a quanto pare, dei loro correligionari stranieri. Eppure erano tutti "della stessa famiglia,

---

[90] Archivi nazionali. W 389 n. 904.

[91] Schmidt: *Tavola della Rivoluzione francese*.

[92] Atti della Comune di Parigi pubblicati da S. Lacroix, v. VII, p. 554.

discendenti di Giacobbe figlio di Isacco"[93].

Ecco, inoltre, come i rivoluzionari intendevano la fraternità nei confronti degli israeliti, loro alleati: Il decreto del 16 Messidor, anno II, vietava agli ebrei di seguire l'esercito, pena la morte[94]. Il giornale *Le Propagateur*[95] lamentava che dalla Rivoluzione il francese era "esposto ogni giorno a trattare con un ebreo, senza poter sapere che non ha a che fare con un uomo, ma con un nemico".

Una figura misteriosa chiamata Falc svolgeva un certo ruolo nelle società segrete alla fine del XVIIIe secolo. A volte viene indicato come il Rabbino Capo. Savalette de Langes, nella sua corrispondenza, lo chiama semplicemente dottor Falc. Di origine tedesca, visse principalmente a Londra. Predisse che Philippe Égalité sarebbe salito al trono[96].

In breve, un gruppo molto piccolo di israeliti si fece rapidamente un nome e giocò un ruolo importante nella Rivoluzione; ma gli ebrei di Francia passarono inosservati. I leader dei loro correligionari erano arrivati dall'estero alla fine del regno di Luigi XVI.

Contrariamente a quanto si potrebbe supporre, la speculazione borsistica durante il periodo rivoluzionario era principalmente appannaggio dei protestanti.

Gli ebrei si impossessarono soprattutto degli arredi dei castelli e dei tesori delle chiese, e divennero padroni della proprietà

---

[93] Actes de la Commune de Paris, 2e série, t. IV, Mai 1791.

[94] Il decreto è stato firmato da Laurent, rappresentante del popolo per l'esercito del nord.

[95] 17 Brumaio anno VIII.

[96] P. Moniquet: La *Francia in pericolo*.

terriera grazie a prestiti usurari[97].

---

[97] Capefigue: *storia delle principali transazioni finanziarie*. E. Drumont: *La France Juive*, t. I, p. 305.

CAPITOLO IV

PROTESTANTI

La coalizione giudeo-massonica trovò un sostegno così considerevole tra i protestanti che M. Sourdat scrisse un volume per stabilire che "i veri autori della Rivoluzione sono i protestanti" [98]. Si tratta di un'evidente esagerazione, ma i protestanti diedero ai massoni un sostegno continuo. "Uno dei principali fondatori della Massoneria moderna fu J. Th. Désaguliers, figlio di un pastore protestante costretto a lasciare la Francia dalla revoca dell'Editto di Nantes"[99]. Stabilitosi a Londra, amico e collaboratore di Newton, J. Th. Désaguliers divenne, all'età di trentasei anni, il terzo Gran Maestro della Gran Loggia d'Inghilterra (1719).

Poiché la Massoneria attaccava segretamente il cattolicesimo, doveva avere le simpatie dei protestanti. I protestanti, d'altra parte, in genere non avevano avuto molto da apprezzare sotto la monarchia francese, e quindi in tempi diversi si trovavano in tutte le cospirazioni. Il risultato fu un raddoppio delle misure di rigore, che portarono ad attribuire i processi politici all'intolleranza cattolica.

Molto tempo dopo le macchinazioni di Coligny con

---

[98] Sourdat : *I veri autori della Rivoluzione.*

[99] Verbali delle *sessioni del Congresso Massonico Internazionale* del 1889, p. 36 (relazione di F Amiable).

l'Inghilterra contro il re di Francia [100], il duca di Baviera organizzò in Germania, "su richiesta dei protestanti francesi, una vera e propria crociata ugonotta"[101] e preparò l'invasione del nostro Paese nel 1587. Sotto Luigi XIII, Guiton, sindaco protestante di La Rochelle, chiese aiuto agli inglesi contro il re[102]. In seguito, gli ugonotti entrarono in intrighi con gli spagnoli. Ci sono quindi circostanze attenuanti per le persecuzioni dirette contro di loro dalla nostra monarchia.

Franklin fece notare che gli inglesi stavano lavorando nelle Cévennes per creare, con la complicità dei protestanti, una provincia indipendente sotto il protettorato britannico.

I disordini di Nîmes del 1790 furono causati dai protestanti che massacrarono i cappuccini.

Dopo la deplorevole revoca dell'Editto di Nantes, gli occhi dei protestanti francesi si rivolsero all'Inghilterra e alla Svizzera: a Ginevra, alla fine del XVIII secolo, c'era un gruppo di uomini intelligenti e attivi la cui influenza si faceva sentire in tutta Europa. Questi protestanti erano anche i principali finanzieri del mondo. Questo spiega la nomina di Necker al Ministero delle Finanze.

Non è facile farsi un'opinione su questo personaggio, di cui si è parlato molto sia in positivo che in negativo.

Secondo Ginguené[103] (membro dell'Institut), Necker "nato repubblicano odiava i re... nato protestante, il suo voto segreto è sempre stato quello di perdere il clero e screditare la religione

---

[100] Cfr. E. Renauld: *Le péril protestant*, p. 33 ss.

[101] Baguenault de Puchesse: *il fallimento dell'invasione tedesca del* 1587. (Corrispondente del 25 novembre 1914).

[102] Charles MAURRAS: *Politica religiosa.*

[103] Guinguené. *Necker*, 1796.

cattolica". Il suo compatriota Clavière scrisse a Isaac Cornuaud: "Necker ha molta più superficie che profondità. Gli nego il cuore di uomo retto e di amico dell'umanità"[104].

Ma Clavière era aperto alla discussione. Quando Napoleone Ier ricevette il barone A. de Staël, nipote di Necker, gli disse: "Vostro nonno ha rovesciato la monarchia, ha portato il re al patibolo. Tuo nonno ha rovesciato la monarchia, ha portato il re al patibolo"[105].

D'altra parte, Necker trovò valenti apologeti, non solo nella sua famiglia, ma anche tra scrittori appartenenti alle opinioni più diverse. Introdusse alcune riforme molto utili, tra cui quella degli ospedali.

Secondo il marchese de Ségur[106], "dal giorno in cui Luigi XVI accettò l'ingegnoso rimedio inventato da Necker (gli Estati Generali), la Rivoluzione era solo questione di tempo". Ma nel preparare la Rivoluzione, non pensava certo di mandare al patibolo Luigi XVI e Maria Antonietta. Come molti costituzionalisti, non credeva che la conquista della libertà e l'abolizione degli abusi dovessero sfociare in massacri e nel tribunale rivoluzionario.

Necker", dice Ch. Dupuy, "era un fanghino ma non un rivoluzionario. I suoi protetti ginevrini erano meno scrupolosi e più audaci[107].

Vergennes, che lo definisce anche un irrequieto evasore di leva, spiega al re l'apprensione del clero nel vedere il suo nemico

---

[104] Memorie di Isaac Cornuaud, recentemente pubblicate da Mlle Cherbuliez.

[105] Opere del Barone di STAËL.

[106] *Le couchant de la monarchie.* T. II, p. 377.

[107] Luigi XVI e la cospirazione genovese. *Le Soleil,* 10 agosto 1918.

naturale a capo delle finanze. Sottolinea "le lodi che gli sono state tributate da una parte del Parlamento britannico, le cui fazioni sono tutte unite quando si tratta di odiare e danneggiare noi[108].

Come tutti gli svizzeri, Necker era soggetto all'influenza inglese; aveva quasi sposato sua figlia (Mme de Staël) con William Pitt. Burke disse alla Camera dei Comuni: "Il signor Necker è il nostro migliore amico sul continente". ᵉInoltre, la famiglia Necker, che si era stabilita a Ginevra all'inizio del XVIII secolo, era di origine irlandese e aveva mantenuto molti legami con l'Inghilterra.

Una grave accusa contro Necker si trova nel rapporto di Garran de Coulon al Comitato di ricerca sulla carestia del 1789: Necker avrebbe scritto a Bertier di far tagliare la segale prima del raccolto, in modo da aggravare la carestia. Bertier non eseguì l'ordine e fu comunque massacrato come un arraffone[109].

Non sappiamo su quali prove si sia basato Garran de Coulon. Mirabeau scrisse a Mauvillon su[110] : "Necker sa bene che il suo regno finirà il giorno in cui sarà ristabilito l'ordine"; disse di Necker a Brunswick: "Questo mediocre finanziere perderebbe dieci imperi piuttosto che compromettere la sua autostima". Ma Mirabeau era nemico del ministro.

Ciò che sembra meglio accertato è il coinvolgimento della famiglia di Necker nei disordini del 1789: suo genero, il barone di Staël Holstein, con il pretesto di ottenere informazioni, frequentava i circoli più esaltati e informava i cospiratori di ciò

---

[108] Marchese di Ségur : *Le couchant de la monarchie,* II, p. 413.

[109] *Relazione di Garran de Coulon,* pag. 48. Bord. *La presa della Bastiglia,* p. 33.

[110] *Memorie di Mirabeau,* t. VIII, p. 20.

che accadeva nel Consiglio del Re[111].

Quando il partito rivoluzionario trionfò, M. de Staël tenne frequenti negoziati con il Comitato di Pubblica Sicurezza a nome delle corti protestanti. Il 6 dicembre 1793, Soulavie consegnò a Robespierre le condizioni degli Stati protestanti del nord per il riconoscimento da parte del governo rivoluzionario. Una delle condizioni principali era la sostituzione del protestantesimo al cattolicesimo in Francia. Secondo Ch. Dupuy, Robespierre accettò in linea di principio. La questione rimase a lungo irrisolta; in seguito il Concordato, vanificando le speranze dei protestanti, fu la vera causa dell'astio di Mme de Staël nei confronti di Napoleone I[er][112].

Se dobbiamo credere a Léouzon Le Duc[113], il barone di Staël Holstein era un costituzionalista; fu la moglie a spingerlo verso il partito giacobino; in ogni caso, si oppose ai piani del re di Svezia contro la Rivoluzione. Nel 1789, ritenne che "la nazione francese manca delle qualità necessarie a un popolo libero". Se ne potrebbe dedurre che la Staël non lavorava a favore della libertà, ma a favore della cospirazione internazionale contro la Francia. Per quanto riguarda Mme de Staël, Jacquet de la Douay, procuratore del re nel principato di Dombes, la accusò di aver tradito la regina[114] e riportò lo stupore provato dalle dame di corte che mandarono Mme de Staël nelle grazie di Maria Antonietta.

D'altra parte, si dice che in seguito abbia cospirato con Narbonne per salvare il re e la regina, acquistando un terreno vicino a Dieppe e portandovi la famiglia reale sotto mentite

---

[111] G. Bord: *La cospirazione rivoluzionaria del 1789*, p. 37.

[112] Ch. Dupuy, *Louis XVI et la conjuration Gènevoise*.

[113] *Prefazione alla corrispondenza diplomatica del barone di Staël Holstein*.

[114] F. Descotes. *La Rivoluzione francese vista dall'estero*.

spoglie[115].

Louis Necker, fratello del ministro, apparteneva alla loggia degli Amis Réunis, di cui abbiamo spiegato il ruolo rivoluzionario e internazionale. Infine, suo cognato, Germain, era membro del Club della Propaganda, che organizzò il massacro delle guardie del corpo [116] : il conte di Vaudreuil ripeté un'osservazione fatta da Maria Antonietta dopo l'assalto alla Bastiglia: "Avevate ragione", gli disse, "Necker è un traditore; siamo perduti[117] ". L'opinione della regina non sembra essere generalmente condivisa, ma Necker fu probabilmente uno strumento inconsapevole del complotto rivoluzionario. Godette di un'immensa popolarità finché fu ritenuto utile ai progetti del sindacato internazionale, ma quindici mesi dopo il suo trionfale ritorno si dimise senza che nessuno pensasse di trattenerlo[118].

Se è vero che Fersen condivideva l'opinione di Gustavo III sulla colpevolezza di Necker[119], il barone di Frénilly afferma, al contrario, che questo ministro cercò di fermare il torrente di cui aveva aperto la diga[120].

D'altra parte, Gustave Bord afferma che la Massoneria aveva affidato a Necker la missione di preparare la Rivoluzione. Ma, come la maggior parte dei massoni, egli era probabilmente all'oscuro dei piani della setta e poteva avere ottime intenzioni.

Infine, ecco il giudizio di Mallet du Pan su Necker: "Mi sembra uno degli uomini che hanno fatto più male a questa

---

[115] E. Welwert. *Intorno a una dama di compagnia.*

[116] Dasté. *Maria Antonietta e il Terrore.*

[117] Corrispondenza tra Vaudreuil e il conte di Artois. Introduzione.

[118] Bardoux. *Pauline de Beaumont*, p. 148.

[119] Lady Blennerhasset. *Mme de Staël et son temps*, t. II, p. 26 e 28.

[120] *Ricordi del barone di Frénilly*, p. 129.

monarchia e la giustizia mi obbliga solo a non sospettare delle sue intenzioni, ma a rendere omaggio ai suoi meriti come amministratore delle finanze...

Lusingando le idee popolari, M. Necker le esagerava tutte... Per un misero motivo di economia, si oppose all'idea di tenere gli Estati Generali a distanza e li fissò a Versailles...[121] "

Due mesi dopo, Mallet du Pan scrisse di nuovo a Mounier: "Ho avuto informazioni positive sul conto di Necker che non mi lasciano dubbi sul fatto che egli volesse che la Rivoluzione si svolgesse quasi nella misura in cui è stata data[122].

Ma queste righe, inviate alla fine del 1790, non sarebbero certo state scritte dopo gli eventi del 1793; è importante sottolinearlo. -

L'editto del 28 novembre 1789 restituì ai protestanti il diritto di far registrare il loro stato civile (nascite, matrimoni e morti), senza essere obbligati a dissimulare il loro credo; un decreto del 24 dicembre 1789 restituì loro tutti i diritti civili e li dichiarò eleggibili a tutte le cariche. Non avevano quindi più alcun motivo serio per combattere la monarchia; ma erano senza dubbio ben felici di vendicarsi dei cattolici per le lunghe vessazioni subite.

Lo slogan di Mirabeau, "La Francia deve essere decattolicizzata", non proveniva solo dalle logge massoniche, ma con ogni probabilità anche dai protestanti di Genova, e la questione religiosa fu senza dubbio il vero motivo della guerra in Vandea e in Bretagna. La popolazione dell'Occidente avrebbe accettato perfettamente la Repubblica se non fosse stato per la persecuzione dei loro sacerdoti.

---

[121] *Lettera a Mounier.* 14 ottobre 1790.

[122] 4 dicembre 1790.

Fu anche la costituzione civile del clero a mettere Luigi XVI in contrasto con i rivoluzionari; questo sovrano liberale, animato da buone intenzioni, acconsentì a tutte le riforme richieste dall'opinione pubblica, ma era profondamente religioso; dal giorno in cui i riformatori vollero proscrivere i sacerdoti che avevano infranto il giuramento, Luigi XVI passò ai controrivoluzionari. Questo movimento anticlericale fu sostenuto dai protestanti.

Mirabeau fu in gran parte responsabile della confisca dei beni del clero; obbediva alle istruzioni del suo comitato ginevrino.

Allo stesso tempo, la stampa inglese conduceva una campagna anticattolica. Barthélemy inviò da Londra articoli che esponevano la difficoltà di stabilire la libertà in Francia senza sostituire il papismo con il protestantesimo [123]. "Il partito protestante, si aggiungeva, aveva molti sostenitori nell'Assemblea nazionale[124].

Nel 1790, il numero dei templi e dei gradini aumentò rapidamente grazie ai fondi ricevuti da Ginevra e dall'Olanda[125]. L'alleanza dei protestanti con la Massoneria permise loro di continuare a praticare il culto durante il Terrore, mentre i sacerdoti cattolici furono imprigionati e ghigliottinati[126].

Un pastore, Rabaul St-Etienne, che aveva studiato a Ginevra e Losanna, fu nominato presidente dell'Assemblea nazionale nel marzo 1790. Egli disse alla signora Stuart: "In meno di due anni la nostra religione dominerà in generale". Rabaul fu la causa

---

[123] Secondo M. Bonald, "le leggi politiche dell'Inghilterra sono cercate solo per venire incontro alla religione anglicana" (*Considérations sur la Révolution*, p. 74).

[124] Archivio degli affari esteri. Londra, 570 ca.

[125] Durand. *Storia del protestantesimo*.

[126] Aulard: *Studi e lezioni sulla Rivoluzione*.

principale dei problemi di Nîmes.

Anche diversi suoi correligionari ebbero un ruolo importante nella Rivoluzione: Boissy d'Anglas, Jay, Cavaignac, Billaud-Varennes, Alquier, Julien (di Tolosa), Collot d'Herbais, Bernard, Lombard Lachaux, Jean Bon St-André, Dentzel, Grimmer, ecc. Dieci pastori erano membri della Convenzione[127].

Il ruolo svolto dal protestante Barnave è ben noto.

Moyse Bayle, il cui nome di battesimo suggerisce un'origine semitica, apparteneva alla religione protestante; nato a Ginevra, fu deputato per Marsiglia, presidente della Convenzione e membro del Comitato di sicurezza generale dal settembre 1793 al settembre 1794. Arrestato l'anno successivo, Moyse Bayle fu amnistiato e si arruolò nella polizia.

I protestanti stranieri ebbero un ruolo ancora più importante nella Rivoluzione rispetto ai loro correligionari francesi.

I protestanti di Genova, essendo a capo della finanza, erano destinati a beneficiare, come gli israeliti, dei movimenti borsistici causati dalla Rivoluzione.

In genere si ritiene che la speculazione in borsa sia un fenomeno recente. Sotto Luigi XVI si speculava solo su quattro o cinque titoli, l'acqua di Parigi, le assicurazioni, le azioni del Mar Rosso, ecc. ma le differenze tra di essi erano abbastanza significative da rendere interessante il commercio. Durante la Rivoluzione, inoltre, ci furono molte speculazioni sulla terra e su tutte le materie prime. Bidermann ebbe particolare successo nella speculazione sul grano. Quali profitti non vennero fatti con i cambi! Mille franchi d'oro valevano, in certi momenti,

---

[127] Ernest Renauld. *Il pericolo protestante.* Aulard. *Histoire politique de la Révolution,* p. 321.

venticinquemila franchi in biglietti, e pochi giorni dopo ne rappresentavano solo cinquemila. Lefebvre d'Acy scriveva il 7 febbraio 1792: "l'argento è al 55%"; il 10 marzo successivo "l'argento è all'80%[128].

Un giorno il luigi valeva 200 livres alle 11, 250 a mezzogiorno, poi 500[129]. Il 14 ottobre 1795 il valore saliva a 1255 livres.

Le azioni della Compagnie des Indes si sono dimezzate in quarantotto ore. Le azioni di Les pompes à feu passarono da 1.200 franchi a 4.200 franchi nella stessa settimana[130].

Queste fluttuazioni avevano talvolta esiti imprevisti: così il 9 gennaio 1793, essendo la caduta troppo forte, una grandine di colpi di canna si abbatté sulle spalle degli agenti di cambio. La confessione di Chabot al processo dimostra che il potere occulto che si celava dietro gli eventi offriva talvolta ingenti somme di denaro ad alcuni membri della Convenzione perché facessero proposte in grado di provocare il panico finanziario. Il sindacato straniero che aveva annunciato in anticipo la presa della Bastiglia, la condanna di Luigi XVI, ecc. era quindi in grado di fare una magnifica differenza giocando al ribasso. Di conseguenza, sulle rovine della Francia si fecero grandi fortune. Di conseguenza, le *Nouvelles politiques si* chiedevano (il 26 febbraio 1795): "La Rivoluzione non è stata altro che una speculazione dei banchieri?

A capo dell'alta finanza c'erano i Genevois.

---

[128] P. de Vaissière. *Lettera di aristocratici.*

[129] Louis Blanc. *Storia della Rivoluzione*, XII p. 116.

[130] D'Escherny. *Tableau historique de la Révolution.*

CAPITOLO V

LA SVIZZERA

A prima vista, gli eventi che si svolsero in Francia tra il 1789 e il 1794 sembrano essere stati diretti dagli svizzeri. In effetti, Rousseau è stato spesso definito il padre della Rivoluzione; Necker l'ha preparata; nel 1793, i ginevrini hanno occupato il Ministero delle Finanze, il Ministero della Guerra, il Municipio di Parigi e una miriade di altri posti; il Terrore è stato organizzato dallo svizzero Marat.

È vero che una grande figura francese dominò i primi giorni della Rivoluzione, Mirabeau, ma egli fu lo strumento di un sindacato ginevrino che fece i suoi discorsi. Questo sindacato era composto da Etienne Dumont, Duroveray, Clavière e dal pastore Salomon Reybaz[131], ai quali si univa talvolta il finanziere Panchaud.

Rivarol paragonava la testa di Mirabeau a una grande spugna gonfia di idee altrui. Tuttavia, sarebbe assurdo sostenere che Mirabeau non avesse abbastanza idee proprie e non fosse in grado di fare discorsi propri; se, quindi, era tenuto in amministrazione fiduciaria dai Gènevois, c'era una causa sconosciuta: forse Mirabeau era vincolato da impegni presi nelle logge massoniche e riceveva la parola di comando da Ginevra

---

[131] Si veda il Fondo Reybaz (Manoscritti) presso la Bibliothèque de Genève. Contiene 59 lettere di Mirabeau a Reybaz.

mentre altri la prendevano da Londra. Forse si trattava di una prosaica questione finanziaria: Mirabeau prendeva spesso in prestito dai banchieri svizzeri Jeanneret e Schweitzer; essendo sempre a corto di denaro, i Genevois lo trattenevano ancora con questo mezzo. Quando Mirabeau trattò con la corte, rimborsò parzialmente Schweitzer, che ne fu molto sorpreso[132].

Per una strana contraddizione, la monarchia francese sembra essere stata rovesciata dagli svizzeri, mentre i difensori più fedeli del re, gli svizzeri, vengono massacrati in sua difesa.

Ma l'unione ginevrina rappresentava una minoranza turbolenta a cui Necker, Mallet du Pan e le menti moderate del paese erano totalmente ostili. Ricordiamo il movimento rivoluzionario scoppiato a Ginevra nel 1782. Il ministro Vergennes, la cui alta intelligenza non è sempre stata sufficientemente ammirata, scrisse all'epoca: "Sto studiando le dispute dei rivoluzionari di Ginevra, perché c'è da temere che i loro scritti portino all'esterno il fanatismo di cui sono pieni". Come osservò Mallet du Pan, era proprio la Rivoluzione francese che fermentava a Ginevra nel 1782[133].

Dopo i problemi di questo periodo, un club elvetico fu fondato a Parigi da Castella; il dottor Kolly ne era il segretario. Ecco come questo club fu valutato da un funzionario svizzero, Muller[134] : "Questa società infame era composta da galeotti, banditi e altre canaglie di una nazione il cui nome veniva disonorato... I cantoni decisero di chiedere la consegna di questi malfattori, ma i nostri cari alleati, invece di corrisponderci secondo i trattati, continuarono a proteggere questa truppa indegna". Castella era stato infatti condannato in Svizzera alla

---

[132] A. Stern. *Vita di Mirabeau.*

[133] *Memorie di Mallet du Pan*, cap. 1 e 3. Sorel. L'*Europa e la Rivoluzione francese*, p. 141 e 142.

[134] *Lettera di Barthélémy*. Archivio degli affari esteri. Svizzera, v. 428.

fucilazione. Marat, Duport e Menou si unirono al club svizzero. Sillery e Barnave gli promisero la loro protezione. Questo club, che fece frequenti appelli alla borsa di Schweitzer, fu successivamente chiamato Club Helvétique e Société Helvétique; aveva sede in rue du Regard, rue Ste-Marguerite, rue du Sépulcre e in una stanza dell'abbazia di St-Germain de Prés, concessa dal distretto omonimo.

Nel 1792, il Club Helvétique divenne il Club des patriotes étrangers, noto anche come Club des nations étrangères amies de la Constitution. Il 10 agosto cambiò nuovamente nome in Club des Allobroges[135] ; uno dei suoi membri più attivi fu il dottor Doppet, che introdusse nell'associazione alcuni savoiardi, tra cui il dottor Dessaix, il notaio Frezier, il procuratore Souviran, il poeta Michel Chastel, l'avvocato Turinaz, il chirurgo Magnin, Ganem e Bussat.

I membri del Club Helvétique distribuivano costantemente opuscoli sediziosi ai soldati. Il 19 settembre 1790 fu emanato un decreto per porre fine alle loro attività, ma sembra che abbiano continuato in segreto.

Gli ispiratori di Mirabeau appartenevano a un ambiente più illuminato e colto. Che cos'era dunque questa unione? Il dossier Duroveray dell'Archivio Nazionale [136] fornisce la risposta: Duroveray, Clavière, Étienne Dumont e Divernois furono esiliati da Ginevra nel 1782, quando gli eserciti francese e svizzero vi ristabilirono l'ordine. Clavière si stabilì in Francia; Duroveray, Divernois e Dumont andarono a Londra, portando con sé il desiderio di vendicarsi il più possibile della nazione francese. A Londra presero contatto con tutte le persone che avrebbero potuto aiutarli nei loro piani di vendetta.

---

[135] Mathiez. *La Révolution et les étrangers,* p. 33 ss.

[136] F. 7, 6468.

Duroveray, procuratore di Ginevra, era stato allontanato su richiesta di Vergenne. Ha trentacinque anni", dice la descrizione della polizia, "ma non li dimostra. È un uomo attivo e intelligente. Alla fine del regno di Luigi XVI, è stato naturalizzato irlandese. Partecipa alle sedute degli Stati Generali; alcuni deputati protestano contro la presenza di "un pensionato del governo inglese che prende parte alle deliberazioni e invia note e osservazioni ai deputati[137] " - In effetti, Duroveray riceve una pensione di trecento luigi dal ministero inglese. - Mirabeau dichiara che quest'uomo è un martire della libertà, Duroveray, al quale M. de Vergennes ha fatto perdere la sua posizione a Ginevra. "Molti applausi. Duroveray è circondato da deputati che gli si avvicinano.

Dopo il 10 agosto, a Duroveray fu offerto il ministero della Giustizia, che rifiutò, e poi fu assegnato all'ambasciata francese a Londra. Bonnecarrère, l'incaricato d'affari, fece notare che era pericoloso affidare i segreti della nostra diplomazia a uno straniero. Lebrun Tondu risponde: "Duroveray fu aggregato mio malgrado all'ambasciata di Londra, con la protezione di Brissot, Clavière e Roland, sebbene fosse ben riconosciuto come pensionnaire d'Inghilterra".

Ha aggiunto che l'incarico di Duroveray sarà ritirato il mese prossimo[138].

Essendosi accumulate le lamentele contro Duroveray, Lebrun decise di richiamarlo il 19 ottobre. Tornato a Parigi, Duroveray fu infine denunciato come agente del governo inglese. In un rapporto di polizia si legge che il 4 maggio 1793, a mezzanotte e mezza, a Duroveray fu chiesto di rivelare la sua corrispondenza con l'Inghilterra. Questo cittadino", dicono gli agenti incaricati del suo arresto, "ci ha presentato diversi pacchetti che, a suo dire,

---

[137] *Archivio del Ministero degli Esteri,* Londra. v. 582.

[138] *Archivio del Ministero degli Esteri,* Londra. v. 582.

contenevano la suddetta corrispondenza, che sembra andare dal 1789 a oggi. I sigilli sono stati apposti. Il 30 luglio, il Comitato di Sorveglianza, considerando che "in detti documenti ci sono stenografia e inglese (è stato detto), che il comitato non ha conoscenza di questi tipi di caratteri e lingue, decide che la scatola, il portafoglio e i pacchetti saranno portati al Comitato di Pubblica Sicurezza[139] ".

Poi è calato il silenzio sui documenti in questione, che non si trovano più nell'Archivio Nazionale.

Etienne Dumont, un pastore ginevrino contemporaneo e amico di Duroveray, "ha molto spirito, parla bene e con riserva[140] ". Molto stimato a Londra da Fox, Lord Holland, ecc., Dumont ricevette una pensione di trecento luigi da Lord Lansdowne[141].

Presentato a Mirabeau nel 1788 da Sir Samuel Romilly, si stabilì a Parigi l'anno successivo e ispirò i discorsi di Mirabeau, facendosi talvolta consigliare da Lord Elgin[142]. Nel 1791, Dumont soggiornò a casa di Bidermann, dove frequentavano anche Reybaz, Clavière e Brissot. Collaborò al giornale *Le Républicain*. Le carte di Barthélemy mostrano che Etienne Dumont e Duroveray erano tra gli agenti più attivi di Pitt a Parigi[143].

Divernois (o d'Ivernois), espulso da Ginevra con Duroveray, Dumont e Clavière, fu come loro messo in pensione dall'Inghilterra. "Divernois, di qualche anno più giovane dei suoi

---

[139] *Archivi nazionali*. F. 7., 4696.

[140] *Archivio Nazionale*. F. 7., 6468.

[141] Lettera di Mme Reybaz al fratello (*La vita e le cospirazioni di Jean de Batz, del barone de Batz*).

[142] *Memorie di Etienne Dumont*.

[143] *Lettera di Jeanneret a Deforgues, 19 febbraio 1794*.

amici, esile, che camminava con la testa in avanti, non offriva nulla di distinto nel suo fisico generale; in compenso, era molto amabile in società, molto spiritoso, parlava con facilità, scriveva bene, con energia e disinvoltura[144].

La corrispondenza segreta della corte di Berlino[145] indica Divernois come uno dei principali agenti di Pitt. D'altra parte, non approvò mai le crudeltà rivoluzionarie e salvò la vita al generale de Montesquiou.

Condannato in contumacia durante il Terrore, Divernois si stabilì in Inghilterra e si naturalizzò irlandese. Nel 1814 tornò a Gènevois e fu nominato Consigliere di Stato.

Clavière era "inseparabile da Dumont e Duroveray", si legge nei rapporti al Comitato di Pubblica Sicurezza. Il nostro capitolo sugli israeliti spiega il ruolo politico di Clavière.

Il pastore Salomon Reybaz tenne molti dei discorsi di Mirabeau all'inizio della Rivoluzione. Ricevette una pensione dall'Inghilterra[146]. Durante il Terrore passò inosservato; sotto il Direttorio fu ministro della Svizzera in Francia.

Il 29 novembre 1796, a Reybaz fu chiesto di lasciare Parigi entro ventiquattro ore. L'unico commento sui giornali fu che "questo Gènevois non suscita né la curiosità né l'interesse dei cittadini[147].

Quindi l'intero gruppo genovese, il cui ruolo è stato così

---

[144] *Archives nationales*, f. 7, 6468.

[145] Karmin. *Documenti relativi alla corrispondenza segreta con il tribunale di Berlino*.

[146] *Le memorie* di *Soulavie*. Manoscritti di Reybaz a Ginevra. *Storia* della controrivoluzione (barone di Batz).

[147] Aulard. *Parigi sotto la reazione termidoriana*. T. III, p. 598.

importante nella nostra Rivoluzione, era solo uno strumento del governo inglese.

Pache è un rivoluzionario particolare: pacifico e patriarcale, il figlio di custodi è il modello per gli impiegati del ministero. Ogni mattina arriva a piedi dalla periferia con una piccola pagnotta in tasca e lavora tutto il giorno. Introdotto da Necker al controllo delle finanze, stringe amicizia con i ricchi Anacharsis Cloots, Chabot, Hassenfralz e i giacobini più esaltati. Rappresentò la sezione del Lussemburgo il 3 agosto 1792, per la petizione che chiedeva la deposizione del re. *Papa Pache,* come era conosciuto, fraternizzò con i massacri del settembre[148] ; gli fu affidato il Ministero della Guerra grazie alla protezione di Roland, di cui era diventato un indispensabile factotum, e poi si mise a perdere il suo benefattore e i Girondini. Diede prova di grande intelligenza e attività nel disorganizzare la difesa nazionale e nel preparare la sconfitta degli eserciti francesi. Alla fine, poiché "tutti i generali, tutti i commissari della Convenzione, accusarono Pache allo stesso tempo[149] ", gli fu tolto il portafoglio. La Réveillère Lépeaux definì Pache il più grande scialacquatore delle casse pubbliche: in tre mesi di ministero, aveva lasciato centosessanta milioni non contabilizzati; Barère dichiarò che, vista l'impossibilità di sbrogliare i conti di Pache, sarebbe stato meglio passare la spugna[150].

La dubbia reputazione di Pache non gli impedì di essere nominato sindaco di Parigi; in questa veste firmò il verbale che avrebbe fatto cadere la testa di Maria Antonietta. Fece ghigliottinare Dillon e consegnò il cannone alla Comune di Parigi durante il Terrore. Ogni sera mandava la moglie, la figlia e la sorella nella caserma dei Federati per incitarli contro i

---

[148] G. Lenôtre. *Veilles maisons, vieux papiers*. t. I, p. 264.

[149] Chuquet. *Dumouriez.*

[150] Sybel. *Storia dell'Europa,* vol. II, p. 113.

Girondini[151].

Cambon ritiene che, al momento dell'insurrezione del 31 maggio, Pache fosse stato corrotto dai controrivoluzionari: il movimento sarebbe stato "preparato da Robespierre, Pache e Danton per riportare il piccolo Capet sul trono[152] ". D'altra parte, poiché Pache credeva di poter ottenere la dittatura, potrebbe aver incoraggiato tutte le rivolte nella speranza di trarne profitto. Nella primavera del 1794, i Cordeliers stavano complottando per mettere Pache a capo di un nuovo governo. Hébert accettò.

I rapporti del Ministero degli Interni si riferivano a Pache come agente di Pitt e aggiungevano: "Si sostiene che se non fosse stato imprigionato, avrebbe impedito l'instaurazione della nuova costituzione (20 novembre 1795)[153].

Inseguito più volte, arrestato contemporaneamente a Hébert, Pache sfuggì alla ghigliottina, senza dubbio grazie al potere dell'Unione Internazionale. A Rivoluzione finita, Pache si ritirò, dopo aver fatto fortuna, in una vecchia abbazia che aveva acquistato a basso prezzo e che aveva trasformato in una magnifica tenuta; lì visse tranquillamente, senza più avere rapporti con i suoi vecchi amici e senza più leggere i giornali.

Il figlio rinunciò alle sue opinioni e cambiò il suo nome[154]. Il genero, Xavier Andouin, era membro della Comune di Parigi e ufficiale dell'esercito; fu lui che un giorno chiese all'Assemblea Legislativa, a nome del Club dei Giacobini, una legge che abbreviasse i processi per eliminare la difesa degli imputati.

---

[151] Sybel. *Storia dell'Europa*, vol. II, p. 32.

[152] A. Lanne. *Il mistero di Quiberon.*

[153] Tureau Dangin, *realisti e repubblicani*. Aulard. *Paris sous la réaction Thermidorienne*, t. II, p. 411.

[154] Lenôtre. *Vieilles maisons, Vieux papiers*, t. I, p. 272.

Pache sembra essere stato un dipendente coscienzioso e laborioso del potere occulto che dirigeva gli eventi. Questa era anche l'opinione di Robespierre, che non riuscì mai a coglierlo sul fatto.

A Marat sono state attribuite diverse nazionalità, tra cui quella francese[155]. Tuttavia, secondo i registri dello stato civile, il padre di Marat era originario di Cagliari, in Sardegna, e divenne svizzero dopo aver sposato una donna di Genova.

Questo amico del popolo nacque in Svizzera, esercitò la professione medica a Newcastle e a Londra dal 1769 al 1777, entrò nella Massoneria e divenne poi medico delle guardie del Conte d'Artois; i suoi violenti attacchi a Necker lo portarono a essere processato nel 1790. Tornò in Inghilterra, per poi rientrare non appena a Parigi si instaurò l'anarchia. Il resto della sua storia è noto. Per quanto riguarda Marat, ci limitiamo a notare che la maggior parte della violenza e della crudeltà del periodo rivoluzionario fu perpetrata da stranieri.

L'ami du peuple sembra essere stato un agente di Philippe Égalité; secondo alcuni autori, era pagato direttamente dall'Inghilterra. Si dice che Marat e Pitt si siano incontrati a Londra nella sala di una piccola taverna (nel 1792)[156].

Il posto di Marat nella storia è sorprendente: non si può affermare seriamente che avesse talento né come scrittore né come oratore. Era generalmente antipatico e, secondo Taine, soffriva di un tipo di follia ben nota agli psichiatri, il delirio di ambizione.

---

[155] Il signor R. Poidebard ci parla di una tradizione lionese secondo la quale la famiglia Marat sarebbe originaria di Chuyer, nel Rodano. M. Chèvremont gli attribuisce un'origine spagnola.

[156] Cfr. Despatys. *La Révolution, la Terreur, le Directoire*, p. 49.

Hulin (o Hullin), di origine svizzera, era il direttore della lavanderia di La Briche, vicino a St Denis; nel 1789 si arruolò nelle Guardie francesi e fu tra i vincitori della Bastiglia. Da quel momento si dichiarò un eroe; un memorandum in cui Hutin e Maillard raccontano le loro imprese all'Assemblea contiene questa frase: "Se è lecito lodarsi, i sottoscritti lo faranno senza dubbio, ma con la modestia che descrive così bene il carattere dei veri eroi"[157].

Hulin formò la compagnia dei volontari della Bastiglia e ne divenne il comandante. Ben presto sorsero lamentele contro la sua gestione; Marat lo accusò anche di aver guidato i banditi espulsi dai battaglioni parigini[158] ; e un gruppo di vincitori della Bastiglia lo denunciò come "informatore della polizia"[159].

Dopo aver comandato la guardia nazionale durante i giorni di ottobre, Hulin si distinse il 10 agosto. Quando la guardia nazionale fu sciolta, fu nominato capitano dell'esercito del Nord. Arrestato durante il Terrore, sfuggì alla ghigliottina; fu di nuovo presidente del consiglio di guerra che condannò il Duca d'Enghien, e poi divenne generale sotto l'Impero. Hulin fu colpito a colpi di pistola dal cospiratore Malet, rompendogli la mascella, ma si riprese. Sotto la Restaurazione, offrì i suoi servigi a Luigi XVIII, che rifiutò.

Un gran numero di svizzeri ebbe un ruolo minore nella Rivoluzione: Necker era stato portato al potere soprattutto grazie all'influenza di Masson de Pezay, il cui padre era genovese. Pezay era l'amante della principessa di Montbarey, che guidava Mme de Maurepas; lei guidava il marito, che guidava il re. Maurepas sosteneva quindi che Pezay era il vero re di Francia. Il

---

[157] *Actes de la Commune de Paris*, t. I, p. 156.

[158] *Actes de la Commune de Paris*, t. I, p. 156.

[159] Buchez e Roux. *Storia del Parlamento*, t. VIII, p. 277.

richiamo dei parlamenti fu dovuto alla sua influenza.

Christin, segretario del Ministero delle Finanze, era più che altro un controrivoluzionario, mentre Finguerlin era membro del Comune di Lione e del Direttorio dipartimentale.

La Harpe, che chiamava Voltaire "papà", nacque a Parigi da genitori svizzeri. Sedusse la figlia di un commerciante di limoni, la sposò, divorziò e si risposò all'età di cinquantotto anni con una ragazza di ventitré. Nel 1776 divenne membro dell'Académie Française.

Rappresentante della Comune per il distretto di St-Germain des Près, non smise di lodare la Rivoluzione nelle sue conferenze e nelle sue opere, scrisse articoli violenti sul *Mercure de France* e non cambiò opinione né dopo i massacri né dopo la morte di Luigi XVI. Ma nell'aprile del 1794 fu arrestato e i suoi compagni di prigionia, i vescovi di St-Brieuc e Montauban, lo convertirono[160]. Secondo Mallet du Pan, una donna sconosciuta fece leggere a La Harpe l'Imitazione di Gesù Cristo durante la sua prigionia, e questo fu il vero motivo della sua conversione[161]. Comunque sia, l'ex volterriano diventato chierico prese la Rivoluzione "con un'avversione pari all'amore con cui l'aveva sopportata"[162].

Il Direttorio ordinò il suo arresto per la seconda volta nel 1796; redattore del *Mémorial,* La Harpe fu coinvolto in agitazioni realiste, assolto e poi nuovamente condannato alla deportazione[163] ; riuscì a nascondersi dal 18 Fructidor al 18 Brumaio. La polizia si dimenticò di lui ed egli morì nel 1803,

---

[160] Ste-Beuve. *Lundis.* Tomo V.

[161] Mallet du Pan, *Mémoires,* p. 459.

[162] Arnault. *Ricordo di un sessantenne.*

[163] *Recueil des actes du Directoire exécutif.* T. 1.

lasciando una serie di opere famose.

Un altro ginevrino, Pictet, amico di Voltaire, si stabilì a Parigi circa dieci anni prima della Rivoluzione, trovò una posizione grazie a Necker e frequentò il salotto di Mme Roland; fu uno dei fondatori della Société des amis des noirs. Ma durante il Terrore cambiò schieramento, e le carte di Barthélemy menzionano Pictet e Mallet du Pan come molto attivi con l'aiuto degli inglesi contro la Convenzione.

Mallet du Pan adottò sempre un atteggiamento moderato e saggio, criticando gli eccessi rivoluzionari e denunciando l'esistenza di un potere occulto, senza tuttavia menzionare l'organizzazione massonica. Scrive al Re di Prussia a proposito dei club rivoluzionari: "Tutte queste società sono, senza sospettarlo, dominate dall'influenza segreta di un'assemblea più intima composta dalla quintessenza di tutte le altre assemblee:... Questa assemblea segreta è composta da un comitato centrale che risiede a Parigi, corrispondente ad altri comitati centrali...

Il giacobinismo è alleato dei Presbiteriani in Inghilterra, degli Illuminati in Germania, ecc."[164].

Prima della Rivoluzione, Mallet du Pan scrisse il *Journal historique et politique* de Genève, confluito nel *Mercure de France*, nel *quale* difese le idee dei monarchici costituzionali. Luigi XVI gli affidò una missione segreta presso le forze della coalizione. Tornato a Ginevra dopo la caduta della monarchia, mantenne una corrispondenza attiva a favore dei monarchici. Morì a Londra nel 1800, dopo aver scritto diverse opere di valore.

Nel campo opposto c'era Virchaud (de Neufchâtel), segretario del club dei Cordeliers; fu lui a presentare all'Assemblea la petizione del 15 luglio 1791 contro la

---

[164] F. Descostes. *La Rivoluzione francese vista dall'estero.*

regalità[165]. Si diceva che i firmatari fossero stati corrotti da governi stranieri.

Gaspard Schweitzer (di Zurigo), nipote di Lavater, sembra essere stato un buon uomo sfruttato dal sindacato internazionale. Affiliato agli Illuminés, si stabilì a Parigi all'inizio della Rivoluzione; introdotto da Mirabeau tra i giacobini, strinse amicizia con Barnave, Robespierre, Bergasse, ecc. e si lasciò ingannare e rovinare dai rivoluzionari, che non smisero mai di servirsi del suo denaro. Mirabeau, mentre gli prendeva in prestito somme considerevoli, corteggiava Madame Schweitzer, che si dice lo abbia respinto.

Nel 1794, il Comitato di Pubblica Sicurezza incaricò Schweitzer di recarsi in America per vendere le principali ricchezze dei castelli reali e rivendicare i trenta milioni prestati da Luigi XVI agli Stati Uniti. Schweitzer ne fu entusiasta e vide in questo un'opportunità per ricostruire la sua fortuna. Purtroppo, fu raggiunto da un avventuriero chiamato Swan, che lo derubò. Tornò in Europa e finì la sua vita in miseria[166].

Niquille, agente della Comune di Parigi, diventa ispettore generale di polizia dopo il 18 brumaio. Arrestato a dispetto di Barras dopo l'esplosione del 2 Nivôse, fu deportato in Madagascar.

Panchaud, dopo essere stato banchiere a Londra, fu nominato direttore della Caisse d'Escompte de Paris. Pur facendo parte del gruppo che guidava Mirabeau, sembra che si occupasse più di finanza che di politica.

Gustave Bord attribuisce la morte di Foullon a influenze

---

[165] Aulard. *Histoire politique de la Révolution Française*, p. 148 ss.

[166] Barbey. *Gli svizzeri fuori dalla Svizzera*.

genovesi e svedesi, senza fare nomi.

Il pastore Frossard (di Nyon) era direttore onorario della facoltà di Oxford e membro delle società contadine di Bath e Manchester. Young andò a trovarlo a Parigi perché lo considerava quasi un compatriota; legato a Brissot e Roland, Frossard fu nominato, dopo la fuga da Varennes, membro del comitato permanente giacobino istituito a Lione, poi membro del consiglio generale e procuratore. Accolto dai giacobini di Clermont, inaugura il culto protestante nella chiesa di Carmes. Era a Lione alla fine del 1793 e poi se ne persero le tracce fino a quando fu ritrovato nel 1802 come membro del concistoro di Parigi[167].

G. Bord [168] ha sottolineato lo strano atteggiamento del colonnello d'Affry che, dopo essersi dichiarato malato all'epoca dell'affare Réveillon, il 10 agosto si rifiutò di dare agli svizzeri l'ordine di sparare sui rivoltosi che li stavano attaccando [169]. D'Affry apparteneva alla Massoneria.

In breve, un gruppo di svizzeri svolse un ruolo importante nella Rivoluzione, ma non rappresentò né la politica del governo elvetico né le idee della maggioranza del loro Paese. Molti di loro erano pensionati inglesi, altri erano sotto l'influenza britannica. Nel 1802, Napoleone Ier attribuì l'insurrezione di Ginevra all'influenza inglese.

Come i massoni, gli ebrei e i protestanti, gli svizzeri erano uno strumento di demolizione diretto da un potere occulto. Secondo Soulavie, residente francese a Ginevra, "Dumont, Duroveray, Clavière e altri avventurieri erano gli scagnozzi di un comitato

---

[167] *Correspondance de Mme Roland,* p. 726.

[168] *La cospirazione rivoluzionaria del 1789.* G. Bord.

[169] Si veda il *Moniteur* del 30 agosto 1792, p. 553.

inglese[170].

---

[170] *Memoria Soulavie.* V. VI, p. 409.

CAPITOLO VI

L'INVASIONE STRANIERA DEL 1789

All'inizio della Rivoluzione, "inglesi, italiani e banchieri si infiltrarono nelle assemblee del popolo e nelle anticamere dei ministri. Spiano tutto e si insinuano nelle società popolari. Ben presto li si vede legati ai magistrati che li proteggono"[171]. Secondo Loustalot e Thureau Dangin, a Parigi c'erano 40.000 stranieri senza un indirizzo fisso e senza un'occupazione specifica[172]. Bezenval racconta che l'apparizione di questi uomini, "la maggior parte dei quali mascherati, armati di grossi bastoni, era sufficiente a far capire cosa si doveva temere da loro". Sarebbero stati l'esercito impiegato dal sindacato rivoluzionario; a loro si sarebbero aggiunti le migliaia di vagabondi, ladri e diseredati che sempre si rallegravano nei momenti di agitazione. "Con un'accurata selezione, si sarebbe formato un corpo di giannizzeri triplicemente pagati"[173], che avrebbero eseguito tutti i disordini ordinati dal potere occulto. Gli agenti del Duca d'Orléans sembrano essere stati responsabili del pagamento di questo esercito rivoluzionario. Secondo le memorie di Mallet du Pan[174],

---

[171] *Archives nationales* AD¹ 108. Rapporto alla Convenzione sulle fazioni straniere.

[172] Thureau Dangin, *Realisti e Repubblicani.*

[173] TAINE. *La Rivoluzione francese.*

[174] *Memorie di Mallet du Pan,* t. II, p. 52.

la paga era tripla rispetto a quella delle truppe regolari.

Marat riconobbe ne *L'Ami du peuple*[175] che i vincitori della Bastiglia erano per lo più tedeschi. La truppa del generale Henriot, un ex domestico che era stato espulso più volte per furto, era composta principalmente da tedeschi che non capivano nemmeno il francese. M. de Montmorin affermò che "quasi tutti coloro che hanno forzato i cancelli delle Tuileries il 21 giugno erano stranieri"[176].

A proposito di questa famosa sommossa, va notato che due degli spettatori, che erano tra i più intelligenti, le attribuiscono la data del 21 e non del 20. Le memorie del generale Dumouriez concordano su questo argomento con il memoriale di Sant'Elena (L. 1, p. 106). Le memorie del generale Dumouriez concordano su questo argomento con il memoriale di Sant'Elena (L. 1, p. 106). Questo è uno dei rari punti su cui i due nemici mortali (Napoleone e Dumouriez) sono dello stesso parere.

Quando, alla vigilia del 10 agosto, i ministri dichiararono che il re non avrebbe mai accettato di sparare sul proprio popolo, Lameth rispose: "Il popolo si trova forse in un gruppo di stranieri senza patria, chiamati a Parigi da sei mesi?"[177].

Il fatto era così difficile da negare che il direttorato del dipartimento della Senna rispose ufficialmente a una circolare del ministro Roland: "Non abbiamo chiesto l'opinione del popolo in mezzo a questi raduni di uomini per lo più stranieri"[178].

Nel suo libro su Frédéric Gentz, Schmidt Weissenfels parla

---

[175] N° 50.

[176] G. MALET. *Vincitori della Bastiglia e vincitori del 10 agosto*. *Intermédiaire des chercheurs* 10 febbraio 1913.

[177] *Memorie di Lameth*, p. 156.

[178] TAINE. *La conquista giacobina*.

anche dell'ondata di avventurieri che attraversò la Francia in quel periodo, arrivando dalle rive del Tevere come da quelle della Sprée.

Non era impossibile trovare ufficiali rivoluzionari francesi per comandare queste truppe, ma non sembravano sufficientemente spregiudicati, e i cospiratori scelsero un polacco, Lazowski, che si era arruolato nell'esercito francese ed era stato condannato a morte per aver colpito un suo superiore. Anche se graziato da Luigi XVI, rimase un nemico dei reali. Capitano di artiglieria all'inizio degli eventi del 1789, fu nominato membro del Comitato rivoluzionario, sezione Finistère [179]. Dopo aver organizzato i primi disordini, il 16 giugno 1792 fu scelto, insieme ad alcuni oscuri cittadini, per recarsi all'Hôtel de Ville e annunciare l'intenzione dei sobborghi di insorgere in massa. Propose quindi al Consiglio comunale di armare i dimostranti "per precauzione e per imporre le armi ai malintenzionati". Lazowski guidò i rivoltosi il 20 giugno e il 10 agosto, esponendosi al fuoco mentre gli istigatori del movimento si nascondevano. Fece mettere a morte i prigionieri di Orleans senza processo con l'aiuto dell'americano Fournier, diresse i massacri di Versailles, complottò con Desfieux e Varlet l'assassinio dei principali deputati della destra e propose ai Cordeliers la proscrizione dei Girondini.

Si abbandonò a un consumo eccessivo di alcolici, tanto che morì alcolizzato il 21 aprile 1793. Due mesi prima era stato perseguito per aver organizzato disordini ad Amiens. Tuttavia, il registro della prigione di Amiens mostra che Joseph-Félix Lazowski fu rinchiuso il 1er febbraio 1794[180]. Era morto da dieci mesi. La spiegazione non è ancora stata trovata.

Forse era suo fratello, precettore dei figli del duca di

---

[179] *Archives nationales*, F. 7, 2517.

[180] Darsy. *Amiens durante la Rivoluzione.*

Liancourt, devoto alla causa realista. Lacretelle dice che Lazowski "si lamenta della triste fama attribuita dal fratello al suo nome[181] ". In questo caso, potrebbe esserci un errore di nome nei registri di Amiens.

Al grande uomo furono tributati i funerali di Stato. Il club giacobino decise che il busto di Lazowski fosse collocato accanto a quello di Bruto, sopra la sedia del presidente. La reputazione di Lazowski era piuttosto mediocre; la sua orazione funebre contiene questa frase: "Ai servizi resi da Lazowski alla Rivoluzione, sarebbe vano rivolgere accuse di appropriazione indebita, forse fondata, e altri reati fin troppo familiari agli uomini di grande carattere".

Ma Robespierre dichiara di piangere "per l'immensa perdita che la Repubblica ha appena fatto e che assorbe tutte le facoltà della sua anima[182] ".

In Alsazia, il principale agente del complotto rivoluzionario fu un monaco tedesco sconsacrato, Euloge Schneider. Professore a Bonn nel 1789, si trasferì a Strasburgo senza un motivo noto e divenne famoso per le sue violenze al Club dei Giacobini. Subito nominato giudice e poi accusatore presso il Tribunale rivoluzionario, organizzò il Terrore, fece pagare multe salatissime a tutta la città, mise in prigione duemila persone e le fece trattare più o meno duramente a seconda di quanto gli pagavano[183]. Percorse l'Alsazia in lungo e in largo, trascinandosi dietro la sua corte e la sua ghigliottina, abusando delle donne e terrorizzandole.

Finché si accontentò di rapinare, stuprare e ghigliottinare, i commissari della Convenzione gliela lasciarono passare, ma un

---

[181] De Lacretelle. *Dix ans d'épreuves*, p. 67 ss.

[182] E. Biré. *Journal d'un bourgeois de Paris*, t. II p. 339 ss.

[183] Sybel. *Storia dell'Europa*, vol. II, p. 347.

giorno non gli venne l'idea di entrare a Strasburgo in una carrozza bardata con sei cavalli! Questa volta, l'uguaglianza democratica era minacciata; St-Just e Lebas emisero il seguente decreto: "I rappresentanti del popolo, informati més che Schneider è venuto a Strasburgo in pompa magna, trascinato da sei cavalli, circondato da guardie e con la sciabola scoperta, decidono che il suddetto Schneider sarà esposto domani dalle 10 alle 2 di notte sul patibolo, per espiare l'insulto alla morale della Repubblica e sarà poi portato al Comitato di Pubblica Sicurezza".

Schneider fu inviato a Parigi, condannato a morte l'11 germinale anno II e giustiziato.

Desfieux (o Deffieux) è descritto nelle memorie di Meillan come un "furfante, ladro, rapinatore di banche fraudolento, ma un buon patriota". Perché questo buon patriota, che era belga, era così desideroso di rovesciare Luigi XVI invece di continuare il commercio di vino a Bordeaux che gestiva dal 1789?

Come è stato coinvolto con il Conte Proly, Pereyra e Dubuisson? Tanti misteri.

È così che lui stesso descrive i suoi primi giorni in politica, senza spiegare le sue motivazioni[184] :

"Il 12 luglio portai la notizia della destituzione di Necker al Palais Royal e incitai subito la gente a prendere le armi contro la Corte... Il 13 luglio fui uno dei primi a recarsi alla chiesa dei Petits Pères. Lì ho dato il metodo di arruolamento per formare la guardia nazionale; questo metodo è stato adottato.

Il 14 ero alla Bastiglia e ovunque un patriota dovrebbe essere...

---

[184] *Archives nationales*, F. 7, 4672.

Gli affari mi portarono a Bordeaux. Lì predicai la Rivoluzione e formai una società popolare nota come Club du café national.... Partii su invito della municipalità di Tolosa per fondarvi una società popolare... La mia reputazione di patriota mi fece ammettere alla società giacobina.... Fui uno dei primi a denunciare i Brissotin, i Rolandin, i Girondin...".

Nell'agosto del 1790 fu arrestato un venditore ambulante di opuscoli antimilitaristi; l'inchiesta dimostrò che era stato incaricato di farlo da Desfieux, che si era da poco trasferito a Parigi. L'anno successivo, Desfieux fu nominato tesoriere dei giacobini, poi giurato del tribunale rivoluzionario, presidente del comitato di corrispondenza del club giacobino e membro del comitato rivoluzionario.

Il ministro della Guerra, Bouchotte, gli affidò una missione in Svizzera. Al suo ritorno a Parigi, sostenne le proposte più avanzate e criticò la lentezza del tribunale rivoluzionario.

Nel gennaio 1793, Desfieux era vicepresidente della Società degli Amici della Libertà, che si dichiarò permanente fino all'esecuzione del tiranno e inviò una delegazione per invitare la Comune a raddoppiare la sua sorveglianza[185]. Ma allo stesso tempo, Desfieux era un agente segreto del barone di Balz, che voleva cercare di salvare il re[186].

Nella primavera del 1793, Desfieux, membro del comitato d'insurrezione, aprì un ufficio a casa sua, in rue des Filles St-Thomas, dove faceva il commerciante di posti. Si incaricò anche di agire su Collot d'Herbois in cambio di un'onesta intermediazione. Era convinto di aver ricevuto del denaro da Lebrun Tondu per intercettare i dispacci dei giacobini, anche se non si sa a quale scopo. A volte faceva semplicemente sparire la

---

[185] Beauchesne. *Storia di Luigi XVII.*

[186] *Archives nationales*, F. 7, 4672.

loro corrispondenza, altre volte la sostituiva con dispacci falsi; i corrieri venivano pagati profumatamente per fare questo[187].

Questo enigmatico personaggio era il proprietario della casa in cui viveva Proly e uno dei suoi servi o dipendenti era il custode dei sigilli al momento dell'arresto del figlio di Kaunitz[188]. Rinchiuso quasi contemporaneamente a Proly, Desfieux riuscì a uscire di prigione il 25 febbraio e chiese la rimozione dei sigilli apposti alla sua casa. Si scoprì che i sigilli erano stati rotti da una mano sconosciuta e i documenti incriminati erano scomparsi.

Alla fine, Desfieux fu condannato a morte insieme ai suoi amici Pereyra e Proly.

Una delle sue concittadine, la ragazza Terwagne, meglio conosciuta come Théroigne de Méricourt, nacque in Belgio proprio nel momento, dicono i cronisti dell'epoca, "in cui Venere entrò in congiunzione con Mercurio". Questo poteva essere visto come un pericoloso presagio. Si mise nei guai giovanissima e divenne l'amante di un colonnello austriaco e, si dice, del re d'Inghilterra; sono state pubblicate false lettere di Théroigne a questo sovrano. Dopo varie avventure che si conclusero con la sua condanna alla prigione in Autrice, Théroigne de Méricourt si stabilì a Parigi poco prima della Rivoluzione. Spesso la si vedeva sola in un palco all'Opéra, ricoperta di diamanti[189]. Insieme a Romme, fondò il Club des *Amis de la Loi (*Club degli *Amici della Legge),* di cui fu archivista, e si trovò così in frequente contatto con Roland, Bosc e Lanthenas. Nel febbraio 1790 fu ammessa al club dei Cordeliers, dove tenne un discorso molto apprezzato.

Nella riunione del 26 gennaio 1792, Dufourny parlò in questi termini al Club dei Giacobini: "Signori, devo annunciarvi un

---

[187] Buchez e Roux. *Storia del Parlamento*, T. XXXI, p. 376.

[188] *Archives nationales*. F. 7, 2774.

[189] *Memorie del conte d'Espinchal*.

trionfo del patriottismo: Mademoiselle Théroigne, famosa per il suo senso civico e per le persecuzioni che ha subito per mano della tirannia, è qui nella galleria delle signore. Immediatamente, diversi membri della società l'hanno fatta salire e scendere nella sala, dove è stata accolta con tutto l'interesse che il suo sesso e le sue disgrazie possono suscitare[190].

Tuttavia, poiché è difficile accontentare tutti, pochi giorni dopo Théroigne fu pubblicamente frustata da un gruppo di donne controrivoluzionarie che la incontrarono alla Tuilerie. Non piace nemmeno a Collot d'Herbois, che il 23 aprile 1792 dichiara nella tribuna del Club dei Giacobini: "Ciò che ci dà grande soddisfazione è apprendere che in un caffè, sulla terrazza dei Feuillants, Mademoiselle Théroigne ha deciso di ritirare la sua stima a Robespierre e a me". In quel momento, dice la storia parlamentare [191], Mademoiselle Théroigne si trovava nella galleria delle signore. Irritata dall'apostrofe e dal pettegolezzo che aveva creato, scavalcò la barriera che la separava dall'interno della sala, superando gli sforzi fatti per trattenerla, si avvicinò al banco con gesti animati e chiese insistentemente di parlare. Ma alla fine fu allontanata dalla stanza.

Théroigne de Méricourt fu protagonista di tutte le rivolte; arringò i parigini e il reggimento delle Fiandre il 5 e 6 ottobre, dopo aver predicato la rivolta alla guarnigione di Nancy. Una bella bruna ventenne, secondo le memorie di Hyde de Neuville, vestita come un'amazzone con un cappello di piume alla Henri IV, un paio di pistole e un pugnale alla cintura, incitò il popolo al massacro degli svizzeri il 10 agosto e fece tagliare la gola al giornalista Suleau, i cui articoli la attaccavano; poi fece portare in giro la testa dello sfortunato scrittore sull'estremità di una picca.

---

[190] Aulard: *La società dei giacobini*, t. III, p. 346.

[191] Buchez et Roux, t. XIV, p. 130.

Il generale Thiébault racconta nelle sue memorie come i suoi cannoni gli furono sottratti da Théroigne. Dopo il 10 agosto, fu Théroigne a vincere la resistenza del presidente della sezione dei Feuillants per consegnare i prigionieri. Naturalmente, essi furono immediatamente massacrati.

Tali imprese meritavano di essere premiate, così i federati assegnarono corone civiche a Théroigne de Méricourt e Rose Lacombe, in memoria del loro coraggio, il 10 agosto[192].

Perché questa straniera era così appassionata alla causa rivoluzionaria? Da dove proveniva il denaro che distribuiva ai rivoltosi? Ci si chiede se fosse semplicemente l'agente del re d'Inghilterra o di Kaunitz, con cui intratteneva una regolare corrispondenza. Gli archivi di Vienna lo testimoniano. Non fu possibile raccogliere le sue confidenze in seguito, poiché nel 1794 impazzì e fu internata all'ospedale della Salpêtrière[193].

Tra la banda di Desfieux, Proly e Pereyra c'era lo spagnolo Gusman (o Guzman). Losco banchiere, tentò senza successo di farsi passare per figlio dell'Elettore di Colonia, poi per Grande di Spagna, poi per discendente dei Duchi di Bretagna. Sotto Luigi XVI si fece chiamare Barone di Frey, suddito tedesco, poi si arruolò nell'esercito francese, dal quale fu espulso per motivi sconosciuti. Divenne uno degli agenti più attivi del Comitato rivoluzionario centrale e del Comitato rivoluzionario della Comune. La sezione di Piques lo nominò uno dei suoi commissari. Fu coinvolto in tutti i disordini, spendendo denaro senza calcolarne il costo; Barbaroux e altri lo segnalarono come distributore di assignat ai rivoltosi. M. Morel Fatio[194] ritiene che Guzman fosse un agente del governo austriaco. Tra le tante

---

[192] *Memorie di Bertrand de Molleville... Memorie di Beaulieu.* Lacour : *Tre donne della Rivoluzione.*

[193] *Archives nationales,* F. 7, 4775, 27.

[194] *Rassegna storica.*

denunce contro Guzman ce n'è una in cui lo si accusa di essere una donna travestita da uomo.

Tre volte alla settimana Gusman organizzava cene in cui Danton, Fabre d'Églantine, Camille Desmoulins, Pereyra, Chabot e alcuni inglesi degustavano i vini forniti da Desfieux. Era un membro degli Hébertistes e, dopo la morte di Luigi XVI, Gusman fu uno degli agenti segreti di Jean de Batz[195].

Fu condannato e ghigliottinato il 5 aprile 1794.

L'italiano Rotondo era stato espulso dalla Francia nel 1785 per aver truffato una ventina di ballerine all'Opéra. Si pensa che sia stato arruolato da Lameth per i primi tumulti della Rivoluzione. Insieme al suo concittadino Cavallanti, guidò il saccheggio dell'Hôtel de Castries. Pochi giorni dopo, fu picchiato dagli ufficiali che non gradivano le sue tirate rivoluzionarie. Dichiarò di essere un professore di lingue straniere e si lamentò che tutti i tiranni d'Europa erano uniti contro di lui.

Nel luglio 1790, il professore fu incaricato, senza dubbio dalle società segrete, di assassinare la regina. Per questo motivo entrò nei giardini di St-Cloud proprio mentre Maria Antonietta stava facendo la sua passeggiata quotidiana[196]. Ma la pioggia impedì alla regina di uscire quel giorno e Rotondo non sembra aver fatto altri tentativi.

Quattro mesi dopo, i rapporti della polizia stabilirono che un italiano "che a volte si definiva inglese, che a volte si chiamava Rotondi, a volte Rotondo, faceva i commenti più insultanti contro il Re e la Regina. Il 29 luglio 1791 fu perseguito per aver dato

---

[195] *Archives nationales*, A. F"45 e F. 7, 4774.

[196] *Memorie di Mme Campan*, p. 276.

denaro ai rivoltosi".

"Il coraggioso Rotondo, arrestato da un granatiere, fu portato nel corpo di guardia del battaglione di Enrico IV dove questo furfante lo uccise con un colpo di fucile alla testa[197].

Ma Rotondo ha la testa dura, perché quattro giorni dopo viene rilasciato dalla prigione dell'Abbazia. Arrestato di nuovo per frasi incendiarie, questa volta passò 15 giorni allo Châtelet. Poco dopo, fu riportato all'Abbaye perché accusato di aver sparato a Lafayette. M. Lenôtre fa notare che il furto dei gioielli di Mme du Barry coincide con l'uscita di prigione di Rotondo, che aveva tentato di ricattarla[198]. Egli partecipò attivamente ai preparativi per le giornate del 20 giugno e del 10 agosto, per poi prendere parte ai massacri di settembre. Spaventato, si nascose. Arrestato a Rouen, fuggì e si rifugiò a Ginevra, dove fu arrestato, portando con sé una grossa somma di denaro con cui aveva reclutato una banda di 200-300 briganti [199]. Fu imprigionato dopo aver ricevuto, a suo dire, più di cinquanta colpi di sciabola e baionetta. Fu quindi consegnato al Re di Sardegna come uno degli assassini della Principessa di Lamballe e condannato all'ergastolo. Ma all'arrivo delle truppe francesi, Rotondo fu liberato e ottenne dal generale Kilmaine un passaporto in cui era indicato come "chargé d'affaire pour la République française" ("incaricato d'affari per la Repubblica francese"). Rotondo pensava di essersi salvato, ma all'arrivo a Parigi fu nuovamente arrestato come agente dell'Inghilterra, il che non gli impedì di naturalizzarsi cittadino francese e di diventare agente segreto del Direttorio. Tre mesi dopo fu portato alla frontiera dalla gendarmeria. Al suo ritorno, il 18 brumaio, Napoleone lo fece nuovamente espellere.

Nel 1811, Rotondo fu nuovamente arrestato in Francia per

---

[197] *L'Ami du peuple*, 29 luglio 1791. *Actes de la Commune*, t. VI, p. 670.

[198] Lenôtre : *Veilles maisons, vieux papiers*, serie 2ᵉ, p. 149.

[199] *Atti della Comune di Parigi*, t. VI.

rapina a mano armata, ma la polizia si limitò a mandarlo al confine. Si stabilì quindi in Italia, dove fu presto impiccato per omicidio e furto[200].

Rotondo era sospettato di essere un agente dell'Inghilterra e di distribuire denaro ai rivoltosi. Quindi lavorava per qualcuno.

Tra i suoi amici c'era l'inglese Greives, a cui si attribuisce il furto dei gioielli di Mme du Barry. Greives, che aveva ottimi rapporti con Marat, era stato nominato commissario del Comitato di Sicurezza Generale. A forza di denunce contro l'ex favorita, ne ottenne l'arresto, accumulò ogni sorta di prove contro di lei e fece arrestare tutte le persone che avrebbero potuto informare la giustizia del furto dei gioielli. Accompagnò Mme du Barry in carrozza da Louveciennes alla prigione. Ci si è chiesti se l'ex favorita si fosse rifiutata di pagare il prezzo richiesto per la sua fuga, dato che tali pratiche erano piuttosto diffuse nel mondo rivoluzionario. Una volta rinchiusa Mme du Barry, Greives si trasferì al castello di Louveciennes per redigere l'inventario; il comune nominò cinque guardie per evitare che Greives fosse disturbato nel suo lavoro. La stesura dell'inventario richiese molto tempo perché molti oggetti di valore erano accuratamente nascosti. Alla fine, dopo sei mesi, tutte le ricchezze di Madame du Barry erano evaporate e Greives partì per l'Olanda. Arrestato a metà del viaggio, fu portato nella prigione di Récollets. Ma trovò subito ottimi argomenti per farsi aprire le porte e andò a vivere tranquillamente della sua rendita a Bruxelles, secondo M. G. Lenôtre, e in America, secondo altri autori.

Greives fu uno degli uomini che capirono il lato pratico della Rivoluzione. Protetto prima da Mirabeau, poi da Marat, rischiò poco improvvisandosi liquidatore della fortuna di Mme du Barry. Ma per dimostrare il suo senso civico, fondò un club a

---

[200] H. Furgeot: *Il marchese di St-Huruge*. G. Lenôtre : *Veilles maisons, vieux papiers*, 2 serie[e], p. 157.

Louveciennes e fece ghigliottinare diciassette persone.

Châlier, nato a Suze in Piemonte, giunse a Parigi nel 1789 e divenne amico di Robespierre. Organizzò il Terrore a Lione, dove fece ghigliottinare circa seimila sospetti[201], anche se la *Revue historique* del maggio 1887 afferma che "Châlier, uno statista francese, non uccise nessuno".

In uno dei suoi discorsi, disse: "Un sans-culotte è invulnerabile come gli dei che rappresenta sulla terra". Tuttavia, quando la città di Lione si sollevò contro il regime terroristico, Châlier fu ghigliottinato a sua volta il 16 luglio 1793.

Il suo assistente a Lione era il principe Carlo d'Assia, che Nodier paragonava a una tigre parlante.

Questo straniero aveva fatto rapidi progressi nell'esercito francese grazie alla protezione di Luigi XVI. Tuttavia, quando i cortigiani di Versailles si burlarono della sua pesantezza, si dichiarò membro del partito rivoluzionario contro il partito di corte.

In tutte le guarnigioni che visitò, il Principe d'Assia non smise mai di denunciare i suoi superiori, compagni e subordinati. Un membro del comitato di guerra dichiarò durante la Rivoluzione: "Assia è il più instancabile degli accusatori, ma scompare sempre quando si tratta di fornire prove[202]. Maresciallo di Campo nel 1789, tenne discorsi al Club dei Giacobini in cui attaccava tutti i generali, in particolare Narbonne, Broglie, Dietrich e Montesquiou. Sembra che abbia ricevuto una missione dalle potenze occulte per disorganizzare gli eserciti francesi.

---

[201] *Papiers de Robespierre*, vol. II. Sybel: *Histoire de l'Europe*, vol. II, pag. 347.

[202] Sybel: *Histoire de l'Europe*, t. I, p. 624.

Allo scoppio della guerra, si dichiarò troppo malato per andare alla frontiera, ma non lo era più quando si trattava di partecipare alle riunioni del Club dei Giacobini. Inondato di benefici da Luigi XVI, scrive alla Convenzione perché condanni a morte il tiranno. Dirige la rivista Les *Hommes libres* e dopo il 10 agosto prende l'abitudine di firmarsi "Charles Hesse, giacobino".

Rimosso dalla carica il 13 ottobre 1793, fu presto arrestato. Salvato dal 9 Termidoro, cercò invano di essere reintegrato nell'esercito, ma gli fu concessa una pensione. Collaborò ai giornali più avanzati. Nel 1798, poiché si opponeva al Direttorio, la polizia invitò il Principe d'Assia a lasciare la Francia. Si ammalò subito, come quando combatteva; poi si lasciò dimenticare. Arrestato il 18 brumaio, ma presto rilasciato, cospira con ex giacobini e cena con Georges Cadoudal; questa volta viene internato per tre anni sull'isola di Ré. Nel 1803 fu deportato alla frontiera tedesca per motivi di salute. In seguito si riconcilia con la famiglia e riceve una pensione a condizione di non sposare la sua amante. Alla fine dell'Impero, il Principe d'Assia tornò a Parigi; la polizia non tardò a chiedergli di andarsene. Infine, morì a Francoforte nel 1821[203].

Tra coloro che nel 1789 ridevano di tutto per paura di essere costretti al lutto c'era il principe Frédéric de Salm Kirbourg, fratello della principessa di Hohenzollern. Tra il Quai e la Rue de Lille, aveva costruito il palazzo che oggi è la Cancelleria della Legione d'Onore[204].

Nominato maresciallo di campo, brillò meno sul campo di battaglia che nei salotti. Si trovava a Utrecht con ottomila uomini

---

[203] Chuquet: *Un principe giacobino*. Sybel: *Storia dell'Europa*, t. I.

[204] Messo in palio dopo la condanna del Principe, questo albergo fu acquistato da un garzone di parrucchiere, Lieuthraud, che acquistò anche il Castello di Bagatelle.

quando venne a sapere dell'arrivo dei tedeschi; si ritirò immediatamente senza combattere e tornò a Parigi per divertirsi. Nominato da Lafayette comandante di battaglione della Guardia Nazionale, il principe di Salm si rese ridicolo con il suo zelo rivoluzionario[205].

Il suo palazzo era un luogo d'incontro per i costituenti più esigenti. Tuttavia, non riuscì a dimenticare la sua nascita e fu ghigliottinato come aristocratico.

Dubuisson, poeta mediocre e autore di scarso successo, era di origine belga[206]. Membro del comitato d'insurrezione della Comune di Parigi e vicepresidente del club giacobino, riuscì a far rappresentare alcune sue opere al teatro Montansier.

In qualità di emissario del club giacobino, si recò con altri due stranieri, Proly e Péreyra, a chiedere conto a Dumouriez delle sue minacce contro la Convenzione.

Secondo Robespierre, Dubuisson e Proly, coperti dalla maschera del sans-culottismo, organizzavano un sistema di controrivoluzione e avevano come complici banchieri inglesi, prussiani e austriaci. Tuttavia, Dubuisson era uno degli stranieri impiegati dal nostro Ministero degli Affari Esteri nel 1793. Incaricato di una missione segreta in Svizzera, finì per essere proscritto nello stesso periodo di Hébert e fu ghigliottinato nel 1794.

L'italiano Dufourny fu membro del comitato rivoluzionario della Comune e presidente del dipartimento di Parigi. Era un membro fisso del Comitato di sicurezza generale e partecipava a tutte le delibere del Comitato di sicurezza pubblica. Il suo zelo sembrò persino sospetto ai suoi colleghi. Robespierre sottolineò

---

[205] P. Masson. *Joséphine de Beauharnais*, p. 186.

[206] *Memorie di Durand de Maillane*. Taine: *La Révolution*, ecc.

che Dufourny si era infiltrato nel comitato insurrezionale il 31 maggio; "quando vide che il movimento stava per avere successo, cercò il modo di renderlo impotente".

Membro molto attivo dei Cordeliers e dei Giacobini, Dufourny fu proscritto da Robespierre per aver difeso Danton. Il 9 di Termidoro gli salvò la vita; in seguito fu nuovamente arrestato come agente degli stranieri e amnistiato il 4 di Brumaio, anno IV. Divenne amministratore delle polveri e del salnitro.

François Robert [207], giornalista di Liegi, sposa Mlle de Kéralio. Amico di Danton, protetto da Mme Roland, membro dei club dei Giacobini e dei Cordeliers, fu eletto deputato di Parigi. Nel suo salotto si formò il primo gruppo repubblicano. Redattore del *Mercure* e delle *Révolutions de Paris,* François Robert formò un comitato centrale per unire le società popolari di Parigi.

Temendo l'arresto nel 1791, si nascose a casa di Roland; in seguito redasse un atto d'accusa contro la famiglia che lo aveva ospitato.

Il 22 giugno 1792, su proposta di François Robert, il Club des Cordeliers votò un discorso all'Assemblea nazionale per chiedere l'istituzione della Repubblica. Alla Convenzione si sostiene che ogni francese ha il diritto di assassinare Luigi XVI.

Brissot gli aveva promesso un'ambasciata (Pietroburgo, Vienna o Varsavia); l'influenza di Dumouriez fece fallire questa bizzarra scelta. Per compensarlo, Danton lo assunse come segretario del ministero della Giustizia.

Improvvisamente ricco nel 1793, François Robert pagò i suoi debiti e organizzò cene di lusso.

---

[207] Non va confuso con François Robert, geografo francese.

Inserito nel processo del comitato rivoluzionario del Contratto sociale, fu condannato l'8 agosto 1795: 1° alla degradazione da parte dello Stato, 2° ad essere legato in una camicia di forza per due ore[208]. Di François Robert non si parla più. Fu esiliato nel 1816.

Joseph Gorani, famoso letterato milanese, era amico di Voltaire e d'Holbach. Già nel 1770, il suo *Traité du despotisme* esponeva chiaramente le teorie rivoluzionarie. In corrispondenza con i principali leader del movimento del 1789, strinse gradualmente amicizia con i giacobini più esaltati. Stabilitosi a Parigi all'inizio del 1792, scrisse articoli violenti contro Luigi XVI e scuse per la Rivoluzione in diversi giornali, in particolare il *Moniteur*, che furono poi pubblicati in un volume intitolato *Lettres aux souverains sur la Révolution Française (Lettere ai sovrani sulla Rivoluzione francese)*.

Bailly concesse a Gorani il titolo di cittadino francese in riconoscimento dei servizi resi alla causa della libertà. Tuttavia, dopo il 9 Termidoro, Gorani ritenne più saggio lasciare la Francia. Ma fu esiliato e privato dei suoi beni dall'arciduca Ferdinando "per essersi comportato male a Parigi"; si rifugiò quindi a Ginevra e non se ne seppe più nulla.

Gorani ebbe una soddisfazione raramente concessa ai letterati: quando nel 1804 si diffuse la notizia della sua morte, poté leggere la sua orazione funebre e alcuni necrologi che lodavano le sue opere. Morì solo quindici anni dopo.

F. Ch. Laukhard, figlio di un pastore tedesco, successivamente professore all'Università di Halle e soldato, lasciò l'esercito tedesco per unirsi all'esercito rivoluzionario. A Lione, il suo battaglione formò la scorta d'onore vicino alla

---

[208] Aulard: *Histoire politique de la Révolution Française*, pp. 86 ss., 135 ss. Aulard: *Paris sous la réaction Thermidorienne*. Aulard: *Études sur la Révolution* (serie 3e).

ghigliottina. Arrestato durante il Terrore, rilasciato il 9 Termidoro, Laukhard tornò in Germania e si arruolò nell'esercito degli emigranti per guadagnare dieci luigi, poi disertò subito per tornare a fare l'insegnante. Morì alcolizzato.

L'italiano Buonarotti ebbe problemi con la polizia del suo Paese e si stabilì in Corsica nel 1789. Fu espulso a causa dei suoi scritti rivoluzionari. Tornò nel 1792 come commissario del potere esecutivo presso il tribunale di Corte; il comune di Tolone gli conferì un certificato di buona cittadinanza. Eccellente musicista, sosteneva di discendere da Michelangelo; fu probabilmente la massoneria a lanciarlo negli ambienti rivoluzionari. Membro del club giacobino, fu uno degli ospiti più frequenti di Robespierre, che lo nominò commissario della Convenzione per le armate italiane nel 1794.

Buonarotti viene arrestato con Babeuf, nonostante la protezione di Carnot, e deportato all'Isola Pelée, vicino a Cherbourg, poi a Oléron e infine all'Elba. Nel 1806 ottenne il permesso di stabilirsi a Ginevra sotto la sorveglianza della polizia; lì, con il fratello di Marat, fondò una loggia massonica, gli *Amis sincères,* affiliata ai Filadelfi. Dopo il 1815, fonda il gruppo *Sublimes Maîtres Parfaits.* Espulso da Ginevra nel 1823, andò a predicare il socialismo a Bruxelles.

Dopo il 1830 Buonarotti tornò in Francia e partecipò attivamente all'agitazione rivoluzionaria. M. Mathiez lo considera uno dei fondatori del partito socialista in Francia[209].

Cérutti, originario di Torino, era un grande amico di Mirabeau. Lavorò con Rabaud St Etienne alla *Feuille villageoise*. Fece abbastanza per la causa rivoluzionaria perché la strada che oggi si chiama rue Laffitte prendesse il suo nome. Cérutti non

---

[209] A. Mathicz: *Études Robespierristes,* t. I. Robiquet: *Buonarotti.* Hamel: *Histoire de Robespierre,* p. 298 ss.

doveva essere molto sanguinario, a giudicare dalle sue opere: *Poëme sur le jeu des échecs, Apologie de l'Ordre des Jésuites, Oraison funèbre de Mirabeau*, ecc...

Il venezuelano Miranda dovette il suo rapido avanzamento nell'esercito francese all'inizio della Rivoluzione alla protezione britannica: lo ammisero anche Pétion e Brissot.

Aveva opinioni molto avanzate: fu lui a denunciare il suo generale in capo, Dumouriez, alla Convenzione. Il suo atteggiamento a Neerwinde apparve sospetto a diversi ufficiali e fu descritto come tradimento[210] senza alcuna prova. Robespierre dichiarò nell'aprile 1793: "Stengel, un aristocratico tedesco, e Miranda, un avventuriero spagnolo alle dipendenze di Pitt, ci hanno tradito contemporaneamente ad Aix-la-Chapelle e a Maastricht". Tuttavia, Miranda fu assolto e incoronato di fiori. Poco dopo fu nuovamente arrestato come amico dei Girondini. Rilasciato il 9 Termidoro, fu proscritto il 18 Fruttidoro e si rifugiò in Inghilterra. Qualche tempo dopo, Miranda fu ritrovato a Parigi; era stato arrestato in occasione dell'attentato alla macchina infernale. Appena rilasciato, pensò bene di stabilirsi in America. Tornato a Parigi sotto il Consolato, fu espulso dalla polizia come agente di Pitt. In America fondò una loggia massonica dove il ministro trasmise i suoi consigli a Miranda.

Salicetti lo denunciò come agente dell'Inghilterra; secondo la Duchessa d'Abrantès, Napoleone Ier lo riteneva una spia sia della Spagna che dell'Inghilterra[211].

Miranda morì in prigione a Cadice nel 1816[212].

---

[210] *Memorie di Thibaudeau*, t. I, p. 14. Si veda anche de Pradt: *Histoire de la Belgique*.

[211] *Mémoires de la Duchesse d'Abrantès*, t. I, p. 290.

[212] O'Kelly de Galway: *Miranda*.

Frédéric Gentz, autore di pamphlet rivoluzionari, aveva messo la sua penna al servizio, abbastanza ben pagato, di Prussia, Inghilterra e Austria. All'età di sessant'anni si innamorò perdutamente di Fanny Essler, e la sua passione per la famosa artista valse a Gentz una certa notorietà[213].

Rebmann, giornalista tedesco affiliato agli Illuminati, si stabilì a Parigi all'inizio della Rivoluzione ed entrò in magistratura.

Possiamo annoverare Lebrun Tondu tra gli stranieri? È discutibile. I dizionari ci dicono che Lebrun, uno statista francese, è nato a Noyon. Tuttavia, tutti gli stranieri che parteciparono alla Rivoluzione sono generalmente descritti come statisti francesi. È impossibile trovare tracce della famiglia di Lebrun a Noyon, e alcuni suoi contemporanei affermarono che era originario di Liegi[214]. Fu a sua volta ecclesiastico, soldato, disertore, tipografo, precettore in Belgio, matematico e giornalista. I Girondini ritennero che l'esercizio di tante professioni diverse fosse una buona preparazione per la carriera di ministro e gli affidarono il portafoglio degli affari esteri, poi il Ministero della Guerra.

Quando viveva a Liegi, Lebrun Tondu, che aveva iniziato con successo l'attività giornalistica, entrò in trattativa con il governo austriaco, che gli propose di assumerlo in cambio di cento pistole all'anno. Ma Lebrun rifiutò nobilmente di vendere la sua penna per meno di cento luigi all'anno[215]. Una volta al potere si dimostrò piuttosto moderato, cospirando con Dumouriez e cercando di salvare Luigi XVI. Fu per questo motivo che fu ghigliottinato nel dicembre 1793, o per aver incaricato Desfieux

---

[213] André Beaunier: *Volti di donne*.

[214] Sybel: *Storia dell'Europa*, p. 445, t. I.

[215] *Corrispondenza di W. A. Miles*, pag. 34.

di intercettare i dispacci giacobini[216]. La storia non lo dice.

Hassenfratz, descritto come chimico tedesco da diversi autori[217], può essere considerato anche francese? Uno dei membri più violenti della Comune, Hassenfratz fu prima impiegato di Pache, ministro della Guerra; in precedenza aveva fatto bancarotta con un altro nome. Nominato fornitore degli eserciti, poté così ristabilire le sue finanze.

Hassenfratz diresse il *Journal des Sciences;* sotto l'Impero, divenne professore all'Ecole Polytechnique.

J. Conrad de Cock, redattore della *Sans-culotte Batave,* ha due luoghi di residenza, senza contare l'Olanda; a Passy è un aristocratico e dà cene in cui si beve vino offerto, si dice, dal governo inglese. Nel centro di Parigi fu un rivoluzionario e membro della sezione di Hébert. Ghigliottinato durante il Terrore, lasciò un figlio più famoso di lui, Paul de Cock, che sostiene di aver salvato la madre, all'età di dieci mesi, sorridendo a Fouquier Tinville[218]. Ma Paul de Cock aveva una fervida immaginazione!

Westermann affermò che Conrad de Cock e i suoi amici avevano sacrificato 420.000 sterline per la causa della libertà.

Il calzolaio tedesco Wilcheritz, amico di Robespierre, era amministratore della prigione di Lussemburgo; perennemente ubriaco, fu ghigliottinato dopo il 9 Termidoro.

Nel 1789, fu un altro tedesco a presiedere al saccheggio del

---

[216] Vedi sopra, pagina 100.

[217] Tra gli altri Reichardt: *Un Prussien en France*, p. 190.

[218] Leroux Cesbron: *Gens et choses d'autrefois.*

municipio di Strasburgo [219] : Chrétien Vollmar, figlio del cocchiere dell'Elettore di Magonza, fu il primo ad entrare nella cittadella conquistata dalla rivolta. Un suo concittadino, di nome Weber, aveva una scorta di opuscoli sediziosi e stava contribuendo a diffonderli; la polizia ne sequestrò un gran numero a casa sua l'8 gennaio 1790.

Pio, napoletano ed ex incaricato d'affari del Re delle Due Sicilie, collaborò al *Journal de la Montagne* e fu assunto all'Hôtel de Ville come "commissaire pour les papiers des émigrés". In seguito dirige l'ufficio passaporti, una posizione molto remunerativa durante il periodo di proscrizione. Infine, entrò a far parte del Ministero degli Affari Esteri. Pio era membro del Club des Bons Enfants. Secondo Nicolas de Bonneville, ricevette denaro da corti straniere e ispirò gli articoli di Marat e i discorsi di Robespierre[220].

Un olandese, il pastore Maron, amico di Ronsin, dedicò al suo Paese il tempio protestante di Parigi.

Il belga Gœmars denuncia i monarchici al Comitato di Sicurezza Generale.

L'americano Smith è stato inviato a Basilea dal Comité de Salut Public per una missione finanziaria.

Il suo concittadino Oswald lasciò la giovane moglie all'inizio della Rivoluzione per combattere in Francia sotto la bandiera della libertà e scrisse numerosi pamphlet rivoluzionari in versi e in prosa. Fu nominato colonnello di artiglieria e, su raccomandazione di Paine, gli fu affidata una missione segreta in Irlanda[221]. Oswald fu uno dei fondatori della *Chronique du Mois*,

---

[219] *Revue historique*. Dicembre 1915 (articolo di R. Reuss).

[220] A. Mathiez : *La Révolution et les étrangers*, pagina 134.

[221] *Archivio degli Affari Esteri*. Londra, V. 587.

un giornale girondino. Durante un soggiorno in India, si convertì al buddismo e organizzò cene vegetariane che stupirono i parigini.

Il tedesco Creutz, meglio conosciuto come Curtius, aveva fondato un museo di figure in cera, molto apprezzato dalla società elegante. Curtius fu uno dei vincitori della Bastiglia.

Il sindaco Fleuriol era di Bruxelles. J.-Ch-F. Hoffmann, nato a Kosteim, vicino a Magonza, divenne tenente colonnello della nostra Guardia Nazionale. Anche lo svizzero P.-E.-J. de Rivaz era un tenente colonnello. Il genovese F.-I. Sauter fu nominato generale nel 1793[222].

Il slesiano E. Oelsner, confidente di Sieyès e legato ai leader dell'Assemblea Costituente, fu corrispondente della *Minerva* di Archenholz[223]. Il suo amico Halem, di origine tedesca, si stabilì in Francia nel 1790 e partecipò alle riunioni dei giacobini e del Cercle Social. Il suo concittadino, il professor I.-H. Campe, si trasferì a Parigi dopo il 14 luglio, rinunciando alla carica di direttore del Philanthropinum di Dessau, un famoso istituto educativo. Portò con sé il suo allievo Guglielmo di Humbolt e scrisse entusiastici panegirici sulla Rivoluzione francese.

Lo svizzero Devalot donò 6.000 sterline al movimento rivoluzionario. I notabili di Genova offrirono 900.000 sterline all'Assemblea Costituente.

Mentre il poeta inglese Wordsworth frequentava i club, il suo connazionale Astley allestì un anfiteatro equestre sul Boulevard du Temple. Il ballo delle Chaumières apparteneva all'inglese

---

[222] G. Dumont: *Battaglioni di volontari nazionali nel 1791*.

[223] *Annales révolutionnaires*. Aprile 1918. Albert Mathiez : *Pellegrini verso la libertà*.

Tinkson.

Il compositore Reichardt, direttore dell'Opera di Berlino, si recò a Parigi nel 1791 e nel 1792 ed espresse la sua ammirazione per il movimento rivoluzionario.

Il bavarese Merck, tenente dell'esercito austriaco, si unì all'esercito francese nel novembre 1792. L'americano J.-K. Eustace combatté nelle guerre di Vandea e ottenne il grado di maresciallo di campo. Lo spagnolo Marchena collaborò con Marat, cospirò con Miranda, poi passò alla parte realista, avendo lavorato alla propaganda girondista con il suo collega spagnolo Hevia, ex segretario d'ambasciata.

Il principe Stroganof lavorò per la rivoluzione con il nome di Otcher. Segretario del Club degli *Amici della Legge,* partecipò alle riunioni dei giacobini[224].

Jaubert, ufficiale belga al servizio dell'Austria, si unisce alla polizia rivoluzionaria. Tra gli altri, denuncia il suo collega belga, il banchiere Herries, impiegato da Pitt a Parigi. Sostiene che cercando anche Walkiers e Langendongue, banchieri di Bruxelles, sarebbe stato facile dimostrare i loro rapporti con il governo inglese.

I tedeschi Cotta, Dorsch, G. Kerner, Wedckind, ecc. si riunirono in rue de la Jussienne, sotto la presidenza dell'esploratore G. Forster, per discutere di politica. Il genovese Grenus, amico di Proly, era in corrispondenza con gli agenti del governo austriaco. Il conte Poroni, venuto dall'Italia per fare propaganda rivoluzionaria a Parigi, fu denunciato alla Convenzione come agente straniero; poi scomparve improvvisamente e tornò nel suo Paese.

---

[224] A. Mathiez : *La Révolution et les étrangers*, p. 28.

Il suo concittadino Marino, ufficiale di polizia municipale, "spinto da una vera e propria sete di sangue[225]", fu arrestato contemporaneamente a Hébert e Dobsen.

È un caso che tanti stranieri si siano riuniti a Parigi per cambiare la forma di governo francese? O non c'è un piano abilmente organizzato da un potere occulto? Oscuri mercenari manovrano agli ordini di capi intelligenti. Ricordiamo il ruolo di primo piano svolto dal battaglione marsigliese nell'attacco alle Tuileries. Era composto, come scrive M. Aulard, da giovani di buona famiglia? A giudicare dal loro atteggiamento e dalle loro azioni, ciò è piuttosto improbabile. Taine, Blanc Gilly, L. Lautard, ecc. affermano che questo battaglione comprendeva 516 avventurieri scelti uno per uno, spagnoli, italiani, levantini, il cui sindaco, Mouraille, era ben felice di alleviare il peso di Marsiglia. Contemporaneamente, Peyron si recò a Ginevra per reclutare i dodici più famosi terroristi di quella repubblica e portarli a Parigi[226]. Una volta terminato il loro lavoro, il 10 agosto, si voleva inviare questi terribili soldati alla frontiera, ma essi dichiararono che preferivano tornare a Marsiglia. Di fronte a questo coraggio, il Consiglio dei Ministri votò per congratularsi con loro per il loro patriottismo e coraggio (riunione del 14 settembre 1792).

Nella guerra di Vandea, gli eserciti repubblicani contano un gran numero di "belgi, batavi, negri e avventurieri espulsi dai loro Paesi per crimini"[227]. A Nantes, nel 1793, la truppa nota come Ussari americani era composta da negri e mulatti. A loro venivano date donne da fucilare e le usavano per il loro piacere. In Vandea, la legione tedesca sparava alle donne a gruppi di

---

[225] A. Schmidt: *Parigi durante la Rivoluzione*, secondo i rapporti della polizia segreta.

[226] Generale Danican: *I briganti smascherati*.

[227] *Memorie di Puisaye*, p. 411.

venticinque e le finiva con i mozziconi dei fucili[228]. Per un tale compito il governo della Repubblica temeva di non trovare nessun francese!

A Quiberon, secondo le memorie segrete di Allonville, i soldati repubblicani si rifiutarono di sparare ai prigionieri disarmati ai quali avevano promesso la vita. Così chiamarono i belgi[229].

Non è consolante per i francesi di tutti i partiti poter incolpare gli stranieri della maggior parte dei crimini che disonorano la Rivoluzione?

Alcuni agenti di polizia sono stati assunti come "pecore", cioè hanno agito come agenti provocatori nelle carceri, inducendo i prigionieri a spettegolare e poi denunciandoli. Questo lavoro era di solito affidato a stranieri[230].

Non solo occupavano le gallerie delle nostre assemblee, ma si mescolavano ai deputati, tanto che ci si chiedeva se non stessero votando contemporaneamente a loro. Quando una volta Malouet propose che le delibere importanti si svolgessero a porte chiuse, Volney rispose:

"Gli stranieri hanno il diritto di vedere e sentire tutto, in modo da poter valutare se stiamo rispettando il nostro mandato".

Alla fine di settembre del 1790, agli stranieri fu ordinato di ritirarsi dall'Assemblea, ma essi trovarono il modo di non obbedire sempre.

---

[228] Taine: *La Révolution Française*, vol. III, p. 376 ss.

[229] L. Gastinne: *La belle Tallien*.

[230] *Memorie di Mlle de Coigny* (introduzione).

Il governo stesso fu invaso dagli stranieri. Mentre il Terrore veniva organizzato a Parigi dallo svizzero Marat, a Lione dall'italiano Châlier e a Strasburgo dal tedesco Schneider, gli svizzeri occuparono il Ministero della Guerra, il Municipio di Parigi e il Ministero delle Finanze. Una volta al potere, Pache creò l'ufficio acquisti, responsabile di tutte le forniture militari; i direttori erano lo svizzero Bidermann e Marx Beer, figlio di un ebreo ben noto per le sue truffe. Gli agenti erano Simon Pick e Mosselniann (di Bruxelles), Perlan e Carpentier (di Ostenda) e i fratelli Cerf Beer. Questo fu l'inizio della disorganizzazione dell'esercito. Poiché alcuni critici hanno messo in dubbio le prove che ho fornito di questa disorganizzazione (nella storia del generale Dumouriez), li rimando al recente volume di M. A. Chuquet su Dumouriez[231].

Lo svizzero Castella era allora negli uffici del Ministero della Guerra; il suo connazionale Niquille era impiegato presso il Comitato di Sicurezza Generale.

Il Ministro degli Esteri sosteneva di essere francese, ma molti lo accusavano di essere belga; in ogni caso, tra i nostri diplomatici nel 1794 c'erano la spia inglese Baldwin, il truffatore italiano Rotondo, il prussiano Forster, gli svizzeri Jeanneret e Schweitzer, l'inglese Thomas Christie, il belga Dubuisson, l'americano Oswald, il tedesco Reinhard, lo svizzero J.-I. Clavière (di Ginevra), fratello del Ministro delle Finanze, il prussiano Cloots e l'austriaco Proly. Il belga Robert avrebbe avuto, senza le proteste di Dumouriez, l'ambasciata di Vienna o di Pietroburgo. Pereira ricevette, nell'anno Brumaio II, una missione del Ministero degli Affari Esteri nel Nord della Francia.

Il genovese Bidermann era tesoriere del Ministero degli Affari Esteri. Fortunatamente, l'introduttore degli ambasciatori era un francese, Pigeot, un ex notaio precedentemente

---

[231] A. Chuquet: *Dumouriez*, pagine 150 e seguenti.

condannato a vent'anni di lavori forzati.

I rivoluzionari stranieri erano così a loro agio a Parigi che erano arrivati a credere di essere francesi. Una volta Marat disse al generale Ward: "I francesi sono pazzi a lasciare che gli stranieri vivano nelle loro case; dovremmo tagliare loro le orecchie, farli sanguinare per qualche giorno e poi tagliare loro la testa[232]. Il generale Ward fece poi timidamente notare che Marat stesso era uno straniero.

La maggior parte dei politici francesi aveva legami con il sindacato cosmopolita che gestiva gli eventi. Così, Chabot era un burattino i cui fili erano tenuti dalle spie Emmanuel e Junius Frey. Brissot, che doveva soldi a tutti a Londra, scriveva per il *Courrier de l'Europe,* di proprietà dell'inglese Swinton. Rewbel è l'uomo d'affari di due principi tedeschi. L'amante di Basire era Mme d'Aelders, agente segreto del governo prussiano. Noël, amico di Danton e ispettore generale dell'istruzione pubblica, è il genero di un banchiere belga. Drouin è un agente del principe di Wittemberg. Hérault de Séchelles era l'amante della sorella di un ufficiale austriaco e tradì i segreti del Comitato di Pubblica Sicurezza all'Austria[233]. Westermann, che era stato espulso due volte da Parigi per furto, sarebbe stato comprato dal governo prussiano[234]. Soulavie, un agente diplomatico in Svizzera, scrisse a Robespierre che "un ottimo patriota riferisce che Kellermann è stato venduto all'imperatore[235] ".

Rabaut St-Etienne ammise che i giacobini erano sotto l'influenza straniera. All'epoca del massacro del Campo di Marte

---

[232] Conway: *Paine (Rabbe* 1900), p. 277.

[233] *Appunti di Robespierre per il rapporto di St-Just.* Hamel: *Robespierre,* t. III, p. 453.

[234] L. Madelin: *La Révolution.* Si veda la seduta della Convenzione del 23 dicembre 1792. Biré: *Journal d'un bourgeois de Paris,* t. II, p. 126.

[235] *Documenti di Robespierre.* Buchez et Roux, t. XXXV, p. 383.

scrisse: "Non possiamo nascondere che il denaro è stato diffuso e che l'influenza sediziosa è venuta dall'esterno[236].

Robespierre accusò Lebrun Tondu di essersi venduto all'Austria e Brissot di essersi venduto all'Inghilterra. Ma il Comitato di Pubblica Sicurezza accusò così tante persone che a volte si sbagliava. Così troviamo una dichiarazione che afferma che Hoche era un traditore. Questa denuncia fu firmata da Collot d'Herbois, Robespierre, Carnot, Billaud-Varenne e Barère.

Gli annales révolutionnaires del luglio 1914 riportano un'accusa, corredata da dettagli precisi, nei confronti del Conventionnel Antoine Guerber; Gugenthal, ex ufficiale prussiano passato al servizio della Francia, affermava che Guerber inviava al professor Weber di Strasburgo lettere destinate ai generali Wurmser e Kalgstein; i prussiani e gli austriaci venivano così tenuti al corrente di tutto ciò che accadeva alla Convenzione. Vadier, presidente della Convenzione e del Comitato di sicurezza generale, affermò che Fabre d'Églantine era il principale agente di Pitt[237].

Torneremo su questo punto più avanti.

---

[236] *Corrispondenza di Rabaut St-Étienne. Rivoluzione francese*, volume XXXV. Lettera del 17 luglio 1791. A. Mathiez : *La Révolution et les étrangers*, p. 121.

[237] A. Tournier: *Vadier, Presidente del Comitato di Sicurezza Generale*, p. 110.

CAPITOLO VII

AUSTRIA

Nel 1789, Francia e Austria erano alleate, ma mentre le famiglie regnanti mantenevano relazioni amichevoli, gli statisti austriaci erano antifrancesi. La Francia, nel "tramonto della monarchia", era un ostacolo ai piani di quasi tutte le potenze, e in particolare alla spartizione della Polonia. Kaunitz, che odiava il nostro Paese, fu, secondo Gustave Bord, il promotore dell'alleanza perché "sperava di avvantaggiare la sola Austria". Il suo successore Thugut aveva un odio cieco per la Francia[238].

La morte di Giuseppe II allentò i legami tra le due monarchie. Mercy Argenteau scrisse a Kaunitz all'indirizzo[239] : "Il nuovo monarca e la regina si conoscono a malapena e hanno sempre dimostrato scarsa simpatia l'uno per l'altra". Maria Antonietta non vedeva suo fratello dall'età di dieci anni.

Nel 1789, l'Austria sembrava completamente estranea al movimento rivoluzionario; l'unico austriaco a prendere parte attiva agli eventi fu il figlio naturale di Kaunitz, il conte Proly (o Prohli)[240]. I Frey erano più israeliti che austriaci e il loro ruolo

---

[238] G. Bord: *Autour du Temple*, t. I, p. 134 ss.

[239] 10 marzo 1790.

[240] Il suo nome viene talvolta scritto Proli.

potrebbe essere spiegato dalla Massoneria. Tuttavia, è più o meno provato che fossero spie al servizio dell'Austria; probabilmente furono anche corrotti dalla Prussia[241].

All'inizio dei problemi, fomentati dall'Inghilterra e dalla Prussia, come dimostreremo più avanti, la politica austriaca difficilmente avrebbe potuto essere rivoluzionaria. Mercy Argenteau era indignato dalla campagna contro Maria Antonietta. È impossibile", scrisse, "individuare le cause della frenesia che si è impadronita degli animi contro la regina. Le assurdità che le vengono attribuite, a cui il senso comune ripugna, non possono essere l'unica ragione. Ci deve essere dietro qualche cabala segreta.

Mercy Argenteau fece subito notare all'imperatore che la Francia, preoccupata dai suoi dissensi interni, non sarebbe stata in grado di intervenire a lungo negli affari europei. Il governo austriaco rimase alleato di Luigi XVI solo per avere mano libera in Polonia e in Turchia. A Vienna si diceva che se l'imperatore avesse seguito la sua inclinazione, avrebbe "fornito diecimila uomini a un esercito democratico e altrettanti a un esercito aristocratico[242].

Ma nel 1792 l'alleanza fu rotta e fu dichiarata guerra. Da quel momento in poi, l'Austria volle salvare la famiglia reale e soprattutto soffocare il fervore rivoluzionario che poteva diffondersi nei Paesi vicini. Mercy, che era sempre stato amico della Francia, elaborò un progetto di smembramento in cui la parte dell'Austria sarebbe stata la seguente: I Paesi Bassi sarebbero stati estesi fino alla Somme. Dalla sorgente di questo fiume, il confine si sarebbe unito alla Mosa a Sedan o a Mézières. L'Alsazia e la Lorena tornerebbero all'Impero. La Francia

---

[241] Vicomte de Bonald, F. Chabot: *Archives nationales*, F. 7, 4637.

[242] *Archivio degli Affari Esteri*, Vienna, v. 362.

sarebbe "ridotta all'impotenza per il resto dei secoli"[243].

L'aggravarsi dei nostri disordini servì quindi ai piani del gabinetto di Vienna e li favorì, anche se con minore attività rispetto a Prussia e Inghilterra.

Il ruolo di Proly, figlio naturale di Kaunitz[244], rimane piuttosto enigmatico: perché si stabilì a Parigi, come tanti stranieri nel 1789, e frequentò i principali giacobini [245]? Inizialmente alloggiato presso la famiglia Frey, Proly si introdusse nei comitati, collaborò con Barère e Hérault de Séchelles, e diede il suo parere negli uffici del Ministro degli Affari Esteri[246]. Fu consigliere di Lebrun Tondu e gli furono affidate diverse missioni diplomatiche. Fondò una cinquantina di circoli popolari. Robespierre disse al Club dei Giacobini (novembre 1793): "L'obiettivo di Proly è di sconvolgere tutto e perdere i giacobini. È imprendibile, come lo sono i suoi principali complici, che sono soprattutto banchieri inglesi, prussiani e austriaci".

Dopo aver fatto alcune speculazioni di successo in Borsa, Proly condusse una vita felice. Dopo la morte di Luigi XVI, si avvicinò ai controrivoluzionari. Un compagno di piacere, il conte di Champgrand, lo presentò a Jean de Batz e Proly si unì alla famosa banda di cospiratori. In seguito simulò un commercio di dipinti con Champgrand. Tuttavia, nel marzo 1793, proprio mentre Dumouriez cominciava a minacciare la Convenzione, Proly fu inviato con Pereyra e Dubuisson a chiedere conto al generale del suo atteggiamento. Marat dichiarò di essersi meritato il suo Paese. Ma il 9 novembre del II secolo Proly fu

---

[243] *Corrispondenza di Mercy Argenteau, pubblicata da Flammermont. Lettere a Thugut*, 15 giugno e 12 luglio 1793.

[244] Sua madre era una cugina di primo grado di Anarchasis Cloots.

[245] In seguito fondò un giornale, Le *Cosmopolite*.

[246] Buchez et Roux: *Histoire parlementaire*, t. XXXI, p. 375 e segg. Avenel: *Anarchasis Cloots*.

arrestato. Sfuggente a casa, passava le serate a giocare a casa di Mme de Ste-Amaranthe.

"In questa casa è stata effettuata la più accurata delle perquisizioni, affermano gli agenti del Comitato di Pubblica Sicurezza; non abbiamo trovato nulla di rilevante per la nostra missione. La cittadina Ste-Amaranthe ha dichiarato di non conoscere Proly né direttamente né indirettamente[247]". I sigilli vengono apposti nell'appartamento di rue des Fille St-Thomas, prestato o affittato da Desfieux a Proly. Il 18 novembre, la commissione di sorveglianza delibera 200 lire per coprire le spese sostenute nella ricerca del complice di Batz. Dopo un lungo inseguimento, il 30 giugno due membri del comitato di ricerca entrarono nella au berge du Petit-Cerf, a Vandereau (Seine-et-Oise), per rinfrescarsi e scoprirono Proly travestito da cuoco. Il figlio di Kaunitz fu immediatamente arrestato e portato nella prigione di La Force. Hérault de Séchelles chiese in lacrime la libertà del suo complice; in realtà Proly, che si dice fosse stato informato da Hérault de Séchelles di tutto ciò che stava accadendo al Comitato di Pubblica Sicurezza[248], trasmise la notizia al governo austriaco.

Il suo intervento fallì, ma Collot d'Herbais fu più abile e ottenne il rilascio di Proly, Desfieux e Rutledge, agenti dell'Inghilterra (ottobre 1793)[249]. Arrestato una seconda volta pochi mesi dopo, Proly fu condannato a morte il 24 marzo 1794.

Gli archivi nazionali hanno conservato con cura i fogli che attestano le speculazioni di Proly sulle azioni del Mar Rosso, della Compagnie des Indes, ecc. ma non c'è traccia della sua

---

[247] *Archives nationales*, F. 7, 2774.

[248] Hamel: *Histoire de Robespierre*, p. 453.

[249] A. Mathiez: *Hérault de Séchelles era un dantonista* (*Annales révolutionnaires*, luglio 1914).

corrispondenza politica.

Sono noti i colloqui del governo austriaco con Dumouriez durante la campagna del Belgio. La corte viennese avviò in seguito trattative segrete con Robespierre attraverso Montgaillard. Le carte di Barthélemy lo attestano, ma non rivelano alcun dettaglio[250]. Per quanto riguarda le memorie di Montgaillard, esse sono alquanto sospette in quanto talvolta distorcono la verità. Ma c'è ragione di credere che Mongaillard fosse il rappresentante di Robespierre quando fu ricevuto da Francesco II nell'aprile del 1794. M. Cl. de Lacroix[251] ha osservato che "erano necessari motivi molto forti per indurre l'imperatore a ricevere una persona il cui rango e le cui origini dovevano sembrargli sospetti". È più o meno nello stesso periodo che l'Incorruttibile entra in contatto con gli emissari di Luigi XVIII[252]. Forse c'è un legame tra queste diverse trattative.

Dopo la morte di Luigi XVI, l'Austria fece causa comune con l'Europa nella lotta contro la Rivoluzione. Le confidenze di Hirsinger e la corrispondenza di Jeanneret, l'agente diplomatico in Svizzera, dimostrano che il gabinetto di Vienna aveva "uomini in Francia così abili da essere ritenuti i più zelanti repubblicani". Esagerazione dopo esagerazione si arriverà all'obiettivo di distruggere la Convenzione dal popolo e da se stessa dividendola. I Costituzionalisti sono stati distrutti dai Girondini, e poi i Girondini sono stati portati alla rovina. Per abbattere questo partito e quello di Orléans, il gabinetto di Vienna fece i sacrifici più sorprendenti"[253].

---

[250] *Lettera di Barthélemy a Buchot,* 30 agosto 1794.

[251] *Ricordi* del *conte di Montgaillard* pubblicati da Cl. de LACROIX.

[252] *Revue de la Révolution.* 1888, p. 194. Articolo di M. G. BORD.

[253] *Carte di Barthélemy. Lettera di Jeanneret a Deforgues.* 19 febbraio 1794.

Questa è esattamente la tattica utilizzata da Jean de Batz.

Il ministro Thugut ha dichiarato: "L'essenziale è che in Francia ci siano partiti che si combattono e si indeboliscono a vicenda"[254].

In breve, l'Austria non dovrebbe essere annoverata tra gli autori nascosti della Rivoluzione francese, ma sta lavorando attivamente per la controrivoluzione. Tuttavia, la sua indifferenza nei confronti degli sfortunati prigionieri del Tempio[255] è sorprendente.

---

[254] Sorel, vol. III, p. 329.

[255] Si vedano a questo proposito: Ménard: *Histoire du Directoire* e Comte d'Hérisson: *Autour d'une Révolution*.

CAPITOLO VIII

LA PRUSSA

I francesi si sono spesso illusi sui sentimenti dell'Europa nei loro confronti: credevano di essere ammirati e amati, mentre erano solo invidiati. L'infatuazione dei nostri filosofi per la Prussia nel XVIII° secolo è il risultato di una di queste illusioni. Federico II li adulava perché stavano preparando la Rivoluzione che l'Europa voleva.

L'alleanza tra le due grandi nazioni cattoliche scontentò le potenze protestanti. La Prussia voleva espandersi in Germania e stava tramando per spartirsi la Polonia, protetta dalla Francia. Intervenendo nei nostri affari, la Prussia aveva forse un terzo obiettivo: sostituire Luigi XVI con il Duca di Brunswick.

Il gabinetto di Berlino decise che il modo più semplice per mettere la Francia in contrasto con l'Austria era quello di aizzare l'opinione pubblica di Parigi contro Maria Antonietta. Questo ruolo fu affidato all'ebreo Ephraim, di cui parleremo più avanti. Come osservò il marchese de Moustiers, dietro Ephraim c'era l'ambasciatore Von der Goltz, che Mirabeau descrisse come "scaltro, astuto, molto personale e avido; il denaro era la sua passione dominante".

Già diversi anni prima della Rivoluzione, Vergennes aveva avvertito Luigi XVI che il barone di Goltz era a capo dello spionaggio prussiano. Accusato dal suo sovrano di aver distrutto la casa di Luigi XVI, Goltz aveva cercato senza successo di procurare al re un'amante[256]. Fallita questa trattativa, alimentò l'opinione pubblica contro Maria Antonietta, sovvenzionò giornali rivoluzionari a Parigi e distribuì denaro ai politici francesi[257].

La Massoneria aveva preparato il terreno per accettare l'influenza tedesca. Nel 1789, il movimento era ben avviato e gli animi erano eccitati contro gli "austriaci". Il giorno dopo la presa della Bastiglia da parte di bande per lo più tedesche, Von der Goltz considerò il 14 luglio una vittoria della Prussia[258]. Di tanto in tanto, a Berlino, leggeva sui giornali articoli da lui pagati a sostegno delle nuove idee, dimostrando che "la Prussia, grazie alla sua generosa diplomazia, può essere considerata il miglior protettore della Rivoluzione"[259]. Camille Desmoulins, nella sua storia dei Brissotin, ha sostenuto che la parte destra della Convenzione era gestita da un comitato anglo-prussiano. Egli sottolinea la seguente dichiarazione di Phélippeaux: "Le spese del Re di Prussia dello scorso anno (1792), contano sei milioni di ECU per la corruzione in Francia"[260].

Barère ha anche detto alla Convenzione: "Il movimento che ci minaccia appartiene a Londra, Madrid e Berlino"[261].

Solo due hanno avuto un ruolo importante, Ephraim e Anacharsis Cloots, che ha dichiarato di essersi allontanato dal suo Paese.

---

[256] P. d'ESTRÉE: *Il grande maestro dello spionaggio*. (*Nouvelle Revue*, 15 febbraio 1918).

[257] *Archivi nazionali*, A. F" 45.

[258] *Corrispondenza di Von der Goltz*, pubblicata da Flammermont, p. 130.

[259] Si veda l'articolo di G. Gautherot in *Universo del* 4 novembre 1913.

[260] Buchez e Roux. *Storia del Parlamento*, t. XXVI, p. 289.

[261] Id. t. XXVII. Sessione del 31 maggio.

Ephraim accentrò l'intera cospirazione contro Maria Antonietta; lanciò i primi pamphlet contro di lei, dopo aver collaborato con successo all'affare della collana. Agente dei massoni della Rose Croix, era stato introdotto nel mondo politico francese dall'ambasciatore Von der Goltz, che lo presentò ai costituzionalisti e poi ai girondini. A poco a poco, Éphraïm divenne amico di Marat, St-Huruge, Carra, Rotondo e Gorsas; frequentava i club ed era estremamente violento. Il marchese de Moustiers, ambasciatore a Berlino, scrisse: "Non c'è nulla che Éphraïm non dica contro la Regina; sono abbastanza certo che sparge denaro in giro e so che riceve somme considerevoli dai banchieri".

Fersen scrisse a Gustavo III: "Non è passato molto tempo da quando Ephraim ha ricevuto 600.000 sterline, che mette a disposizione per la propaganda rivoluzionaria"[262]. Che Ephraim fosse un agente segreto del governo di Berlino era ben noto a Parigi, poiché la corrispondenza diplomatica informava l'ambasciatore francese che "Madame Ephraim gli faciliterà i mezzi per vedere Bischofswerder e persino il re di Prussia"[263].

Nel 1790, il gabinetto di Berlino fu così soddisfatto dei servizi di Ephraim che lo nominò ambasciatore con l'apparente missione di occuparsi degli affari commerciali. L'abile israelita scrisse presto a Berlino: "I primi membri dell'Assemblea Nazionale sono così inclini all'amicizia prussiana che si potrebbe chiedere qualsiasi cosa in questo momento". Poco dopo aggiungeva: "Il club dei giacobini è completamente devoto alla Prussia"[264].

La spiegazione di questa grande simpatia si trova forse nella lettera in cui Éphraïm parla delle somme inviate dal governo prussiano a Choderlos de Laclos, braccio destro di Philippe

---

[262] Cfr. G. Bord. *La conspiration révolutionnaire de 1789*, p. 191.

[263] *Archivio degli affari esteri*. Berlino, 1790.

[264] Corrispondenza con Von der Goltz, p. 133.

Égalité? Vale la pena di citare i passaggi principali di questa lettera, che dimostra: 1° che i leader della Rivoluzione furono corrotti dal re di Prussia; 2° che chiedendo riforme si sperava che Luigi XVI le avrebbe rifiutate, aggravando così l'effervescenza rivoluzionaria.

Ephraim a Laclos, 22 aprile 1791[265] :

"Mi hanno detto che siete disperati perché avete perso la vostra ultima impresa. Lo penso anch'io, ci è costata molto denaro e di questi tempi non si può risparmiare troppo. Queste, almeno, sono le intenzioni del mio padrone, il re Federico Guglielmo...

Avevo previsto che il Re non avrebbe licenziato improvvisamente i sacerdoti dalla sua cappella e che, così facendo, avremmo comunque trovato un modo per far gridare la gente contro di lui. Invece no, li ha licenziati e noi siamo ancora i suoi ingannatori. Quest'uomo è imprendibile; da qualunque parte lo si attacchi, egli improvvisamente ti disarma. Chi avrebbe calcolato di trovare sul trono un uomo che sacrifica tutti i suoi piaceri personali alla tranquillità del suo popolo?

I decreti lasciavano ancora alcuni signori della Camera. Ci eravamo già organizzati per provocare un'altra bella sommossa. Pensavo che ci saremmo riusciti; lui anticipò il colpo, mandò via i suoi gentiluomini e ci lasciò a corto di tutti i nostri piani.

La nostra situazione è stata brillante per qualche ora, ho persino pensato che il vostro gentile capo avrebbe sostituito suo cugino; ma ora le mie speranze non sono più le stesse... L'unica cosa che mi piace è che abbiamo perso Lafayette con questo scossone, e questo è già molto.

---

[265] *Bibliothèque nationale*, L. b. 39, 9888.

I nostri 500.000 franchi sono consumati più o meno inutilmente, questo è ciò che trovo più spiacevole; non avremo a disposizione tali somme ogni giorno e il Re di Prussia si stancherà di fornire il denaro... Dobbiamo armarci di coraggio, aspettare ciò che hanno fatto i corrieri che abbiamo inviato a tutti i dipartimenti. Se, al contrario, non hanno ottenuto nulla, credo che dovremo abbandonare la partita...

P.S. Ho sentito che le Guardie non vogliono lasciare andare il loro generale. Questo colpo è devastante... Affrettatevi a riunire il consiglio e fatemi sapere che ora è.

Solo nel gennaio 1791 il governo francese sembrò preoccuparsi delle attività di Ephraim. Una lettera, scritta interamente di pugno da M. de Montmorin, incaricava il marchese de Moustiers di condurre un'indagine a Berlino su questo inquietante israelita che "sembra essere stato mandato qui per intrigare nel modo più criminale... Mi sono state dette cose su di lui che non mi permetto di riferire perché sono troppo atroci... Questo intrigante ha cercato di fare amicizia con persone il cui ardore per la Rivoluzione le rende più propense ad ascoltarlo. Il suo obiettivo era quello di comprometterci con l'Imperatore; ha pensato che eccitando gli spiriti contro la Regina avrebbe potuto raggiungere più facilmente questo obiettivo"[266].

Moustier non trovò di meglio per questa indagine che andare a interrogare la signora Ephraim, cosa che a prima vista sembra piuttosto ingenua. Egli ammette (10 febbraio 1791) di non essere riuscito a farla parlare. Tuttavia, durante la conversazione, la signora Ephraim disse che se Bischofswerder fosse stato lontano, non avrebbe saputo a chi consegnare le lettere del marito al Re di Prussia.

In risposta a ulteriori lamentele di M. de Montmorin, il

---

[266] *Archivio degli affari esteri*. Berlino, c. 212.

marchese di Moustiers rispose il 28 febbraio: "Éphraïm ha qui la reputazione di un intrigante sempre pronto a essere rinnegato". Infine, il 13 aprile, scrisse: "Non posso sfuggire al sospetto che la corte prussiana sia da tempo intenzionata a fomentare problemi tra di noi...

So dalla confessione della moglie che Ephraim si è vantato di aver reso grandi servigi al re; che in diverse occasioni ha temuto di correre grandi rischi...

Se fossimo inclini a credere al male sulla base delle apparenze, potremmo credere che sia autorizzato ad agire come fa...".

Purtroppo, l'entourage di Luigi XVI non credeva facilmente al male, così come i suoi funzionari; Moutiers concludeva quindi respingendo l'idea che Ephraim avesse agito su ordine del suo governo[267]. Propose quindi un riavvicinamento franco-prussiano, per ostacolare le perfide manovre dell'Inghilterra[268]. Questa volta ci vide chiaro, sospettando che l'Inghilterra fosse a capo degli eventi.

A questo punto, la corte francese era talmente disarmata che Maria Antonietta chiese a Blumendorf di far sì che Kaunitz contattasse il re di Prussia per fermare le macchinazioni di Ephraim. Così si legge nella corrispondenza diplomatica di Moustiers (26 maggio)

"Il conte di Goltz deve aver detto a Ephraim di essere più prudente...". Poco più avanti, l'ambasciatore aggiunge: "Il re è sempre più sotto l'influenza degli Illuminati...".

Ephraim fu lo strumento più attivo dell'alleanza dei Girondini

---

[267] *Archivio degli affari esteri.* Berlino, c. 212.

[268] *Idem.*

con Bischofswerder, consigliere del re di Prussia[269]. Condusse un'abile propaganda con Gensonné, Pétion e i loro amici[270].

Arrestato in seguito alla rivolta del Campo di Marte, Ephraim viene rilasciato due giorni dopo su richiesta dell'ambasciatore prussiano. La cosa curiosa è che la corte di Vienna si dichiara pronta a sostenere questa richiesta se necessario. Il marchese di Noailles osserva che "questa è una delle cose più insolite del momento"[271]. Inoltre, dopo l'arresto di Luigi XVI a Varennes, il governo austriaco, considerando persa la monarchia francese, cominciò ad avvicinarsi alla Prussia.

Moustiers scrisse il 30 luglio: "Il conte de Goltz avrà l'ordine di chiedere il rilascio di Ephraim e di sconfessarlo formalmente come agente revocato. Mi è stato chiesto di informarvi di questo".

Il comitato di ricerca dichiara di aver effettuato una verifica esatta delle carte di Ephraim, "senza però includere i documenti relativi alla sua corrispondenza con Sua Maestà il Re di Prussia, che erano conservati in un portafoglio privato".

Così un agente straniero che fomenta problemi a Parigi viene arrestato e la sua corrispondenza con il governo prussiano non viene nemmeno esaminata! Questo è davvero straordinario. O è coperto dall'immunità diplomatica, e allora come ha fatto a rimanere in prigione dal 28 al 30 luglio?[272] Oppure è considerato una spia, e allora perché la sua corrispondenza politica viene rispettata - forse perché comprometterebbe troppe persone?

---

[269] P. Masson. *Le département des Affaires étrangères pendant la Révolution*, p. 102.

[270] L. Kahn *Gli ebrei di Parigi*.

[271] *Archivio degli Affari Esteri*, Vienna, v. 362, 6 agosto 1791.

[272] Secondo alcuni autori, si tratta di un periodo compreso tra il 18° e il 20°.

Nonostante questa debolezza, i rivoluzionari rimproverarono a Montmorin di aver osato arrestare l'ebreo Ephraim e, secondo l'opinione di p. Masson, questa fu una delle cause principali della morte dello sfortunato ministro . Masson, questa fu una delle cause principali della morte dello sfortunato ministro[273].

Dando agli amici di Philippe Égalité la speranza di un cambio di dinastia, Éphraïm dovette ridere della loro credulità. In realtà, se stava preparando una candidatura, era quella del Duca di Brunswick. Il progetto di porre questo principe sul trono di Francia non era solo uno scherzo di Carra, come alcuni autori sono sembrati credere. Gli inizi delle trattative si trovano negli archivi degli Affari Esteri. Il gruppo francese al soldo della Prussia era sufficientemente potente da aver avvicinato ufficialmente Brunswick già nel gennaio 1792. Era prematuro offrirgli la corona, quindi gli fu offerto il titolo di Generalissimo delle armate francesi. Avrebbe ristabilito l'ordine, concesso tutte le riforme richieste dal partito rivoluzionario e, il giorno della deposizione di Luigi XVI, sarebbe stato pronto a prendere il suo posto. Il ministro Narbonne, all'insaputa di Luigi XVI, inviò quindi il giovane Custine al duca di Brunswick, uno dei capi della Massoneria prussiana. Il re si indignò quando ne fu informato, ma dal ritorno da Varennes era stato completamente disarmato. Custine spostò la conversazione sull'"importanza del ruolo che poteva svolgere un uomo di grande carattere che, sapendo mantenere l'ordine all'interno della Francia e il rispetto all'esterno, sarebbe diventato il sostegno di una rivoluzione che non avrebbe presentato altro che vantaggi, l'idolo dei francesi, il benefattore dei posteri...".

Dopo aver ottenuto dal Duca la parola d'onore che ciò che stava per dirgli sarebbe rimasto sepolto in un eterno silenzio, "se la nazione francese", continuò Custine, "dichiarasse attraverso i suoi rappresentanti che nella crisi da cui è minacciata, un solo

---

[273] P. MASSON. *Le département des Affaires étrangères pendant la Révolution*, p. 222.

uomo è, in virtù della sua gloria passata e della forza del suo genio e dei suoi talenti, in grado di compiere questi alti destini... e se questo grande uomo foste voi, Monseigneur, che cosa ci direste?

Profondamente commosso da queste parole, vidi che anche il Duca di Brunswick era commosso.

Riconosco", disse, "la grandezza di una tale idea... Ma quale uomo sarà così presuntuoso da osare credere di avere la forza necessaria? Poi aggiunse che non conosceva abbastanza la Francia... Gli diedi la lettera di M. de Narbonne. Ne fu molto commosso, ma mi fece domande sull'esercito e fece nuove obiezioni sulla difficoltà del successo: "Pensereste male di me se prendessi una decisione senza pensarci bene"[274].

Il giorno dopo Brunswick rispose che vedeva troppe difficoltà nel partito che gli era stato proposto: l'opinione pubblica, troppo volubile in Francia, l'incompatibilità della sua posizione personale e familiare con l'offerta che gli veniva fatta, ecc... Custine insistette senza successo: "Questo tatto delicato, questa profonda conoscenza degli uomini e dei francesi, tutte queste sfumature che voi possedete e che sono necessarie per guidarli, mi dimostrano che è veramente in Francia che siete chiamato dalla natura a venire a cercare la gloria immortale".

Nonostante lo scarso entusiasmo di questo pretendente, la sua candidatura non fu esclusa. Nella settimana precedente l'insurrezione del 10 agosto, su proposta di Manuel e Thuriot, il comitato segreto dei giacobini approvò la sostituzione di Luigi XVI con il Duca di York, il Duca di Brunswick o il Duca di Orléans[275]. Poiché il trono divenne vacante dopo il 10 agosto, la candidatura del principe prussiano fu ufficialmente avanzata da

---

[274] *Archivio degli affari esteri*. Berlino, c. 213.

[275] G. Bord. *Autour du Temple*, I, p. 533.

Carra e dai suoi amici, non più come Generalissimo, ma come Re di Francia. Carra, che in passato era stato condannato al carcere per furto con scasso, godeva di una discreta reputazione nel mondo rivoluzionario; sei dipartimenti si erano contesi l'onore di inviarlo alla Convenzione.

Sieyès e Talleyrand si schierarono a favore di questa proposta[276] ; ma Robespierre e Billaut Varenne si affrettarono a denunciare alla Comune di Parigi il complotto a favore di Brunswick "che un partito potente vuole portare sul trono"[277]. Accusarono Condorcet di essere complice di Carra, così come Vergniaud, Brissot, Lasource, Ducos e Guadet. Poiché c'erano anche altri due candidati, il Duca di York e il Duca di Orléans, fu impossibile raggiungere un accordo.

La guerra era iniziata e Brunswick aveva lanciato il suo famoso manifesto, che è stato dipinto come un errore insignificante da parte degli emigrati. Al contrario, non fu forse un machiavellico espediente della Prussia per esasperare l'opinione pubblica parigina e consumare la rottura tra Luigi XVI e i rivoluzionari?

Nell'atto di accusa contro Brissot e Gensonné si legge una frase molto vera: "Nulla è così stupido come coloro che credono o vorrebbero far credere che i prussiani vogliono distruggere i giacobini"[278].

Una volta iniziate le ostilità, Brunswick risparmiò i francesi e non smise mai di negoziare con gli emissari giacobini. Al momento della battaglia di Valmy, avrebbe potuto schiacciare l'esercito di Dumouriez, che era così in inferiorità numerica; gli diede il tempo di ricevere rinforzi e rifornimenti. Dopo la

---

[276] LIBANO. L'*Inghilterra e l'emigrazione* (Introduzione).

[277] AULARD. *Storia politica* della *Rivoluzione francese*.

[278] *Archives nationales*, A. F. 11 45. *Relazione di Carra*.

battaglia, che non fu molto letale, Dumouriez ricevette l'ordine formale di non disturbare la ritirata dei prussiani[279].

Lo scarso entusiasmo suscitato in Francia dalla candidatura di Brunswick sembrava aver completamente abbandonato il progetto di Carra. Inoltre, questo principe era diffidente nei confronti delle turbolenze dei suoi futuri sudditi e la sorte di Luigi XVI gli aveva dato da pensare. Venne quindi preso in considerazione il principe Luigi di Prussia, che era sempre stato solidale con la Francia. Sandoz, ministro prussiano a Parigi, scrisse nel 1799: "Ste-Foy, confidente di Talleyrand, mi ha detto quanto segue: Il ritorno della pace potrebbe dipendere dalla restaurazione di una monarchia costituzionale... Le autorità e la parte sana della nazione non si pronuncerebbero per un Borbone. Voterebbero piuttosto per il principe Luigi, figlio del principe Ferdinando"[280].

Ecco la spiegazione di Albert Vandal di questo piano per sostituire i Borbone con una dinastia prussiana: "Alcuni degli alti rivoluzionari immaginavano che dandosi a un allievo del grande Federico, a un principe filosofo, la Rivoluzione avrebbe raggiunto il più vantaggioso dei fini...

Alcuni pensavano ad un protettore e pensavano di far regnare il Brunswick, che avrebbe prima ricevuto un titolo repubblicano"[281].

Il risultato imprevisto di quella che Paul Bourget ha definito "la sconfitta dell'illusione democratica"![282]

---

[279] Il capo delle forze prussiane e i giacobini", ha detto Oscar HAVARD, "si sono accordati per offrire alla Francia e all'Europa una finta battaglia".

[280] LIBANO. *L'Inghilterra e l'emigrazione*. Prefazione, p. 27.

[281] *L'avènement de Bonaparte*, t. I, p. 118 e segg.

[282] P. BOURGET. *Testimonianza di esperienza*.

Non è possibile risalire all'origine di un terzo candidato prussiano, quello del principe Enrico, ma di certo si parlava di lui prima del principe Luigi, visto che l'imperatrice Caterina di Russia scriveva a Grimm l'11 giugno 1795: "C'è chi sostiene che sia il principe Enrico di Prussia quello che i regicidi intendono dare come reggente a Luigi XVII quando lo ristabiliranno. Se così fosse, scommetto che entro sei mesi Sua Altezza Reale sarà ghigliottinato"[283].

Ci si chiede perché un raffinato diplomatico come Talleyrand abbia potuto aderire a questa campagna di volgari giacobini, che Ernest Renan definì "gli uomini ignoranti e gretti che hanno preso in mano il destino della Francia"[284]. Poteva forse credere nella solidità di una dinastia prussiana nel nostro Paese? Oppure la spiegazione va ricercata nel ritratto impietoso che Mirabeau fa di Talleyrand: "Un uomo vile, avido, meschino, intrigante. Ha bisogno di fango e di denaro. Per il denaro venderebbe la sua anima, e avrebbe ragione a farlo, perché scambierebbe il suo sterco con l'oro"[285].

Presumibilmente la campagna a favore di Brunswick fu ben pagata da Carra e dai suoi amici; sarebbe difficile spiegarlo altrimenti.

Quanto a Sieyès, ricevette il ritratto del re di Prussia, stimato alla cifra piuttosto esagerata di 100.000 ecu[286].

Mallet du Pan citò Sieyès su questi negoziati: "La Francia ha

---

[283] Ch. De Larivière. *Caterina II e la Rivoluzione francese*, p. 175.

[284] P. Lasserre. *Ernest Renan.*

[285] Barthou: *Mirabeau*, p. 157.

[286] Buchez e Roux. *Storia parlamentare*, t. XXXVIII, p. 105.

bisogno di un cambiamento di religione e di dinastia"[287].

Non va dimenticato che la Loggia Templare Riformata di Stretta Osservanza in Germania, a cui apparteneva la maggior parte dei parlamentari francesi, aveva come Gran Maestro il Duca Ferdinando di Brunswick. Inoltre, il rito scozzese aveva assunto la leadership a Berlino. Questo spiega perché la candidatura del principe prussiano fu presa sul serio.

Un altro concittadino di Ephraim ebbe un ruolo importante nella Rivoluzione francese, il barone Anacharsis Cloots, che la periferia si ostinava a chiamare Canard sei. Ebreo prussiano con un patrimonio di oltre centomila sterline, Cloots era molto conosciuto nel mondo politico e oggi sarebbe considerato uno dei "Tout Paris des premières".

Iniziò a viaggiare per imparare. A Londra fece amicizia con Burke e in Olanda con Castriotti, che si faceva chiamare Principe d'Albania. Improvvisamente scopre che Castriotti è un semplice capo brigante, condannato a morte in contumacia nel suo stesso Paese. Avendo rischiato di essere messo in prigione con il suo amico, Cloots smise di lavorare sulla questione orientale e venne a Parigi nel 1784. Cominciò a fare discorsi rivoluzionari. Ma era prematuro, poiché l'insurrezione non era ancora stata preparata, per cui il tenente di polizia Lenoir gli chiese gentilmente di tornare in Prussia.

Tuttavia, all'apertura degli Estati Generali, Anacharsis Cloots, come tutti gli stranieri, si stabilì a Parigi. Massone militante, fu uno dei promotori del movimento anticattolico. Non poteva parlare di un prete senza andare immediatamente su tutte le furie[288]. Trattato da Marat e Camille Desmoulins come un

---

[287] Lady Blennerhasset. *Mme de Staël e il suo tempo*, p. 105.

[288] Louis BLANC. *La Révolution Française*, t. IX, p. 474.

informatore di Berlino [289], acquisì tuttavia rapidamente una grande influenza grazie alle sue centomila sterline di rendita. Cloots partecipò attivamente ai preparativi per il 10 agosto, ma da uomo saggio si guardò bene dall'esporsi ai colpi. Il suo elogio, Avenel, racconta che "gettò i suoi due servi sans-culotte nella marea insurrezionale. Per quanto riguarda lui stesso, corse all'Assemblea per essere a soli due passi dalla festa, forse anche per respirare l'odore della polvere da sparo e ricevere il battesimo del fuoco nel caso in cui una palla di cannone vagante avesse bucato la volta della sala".

Avendo respirato da lontano l'odore della polvere da sparo, lasciò l'Assemblea contemporaneamente a Luigi XVI e rimase di guardia nel cortile del Maneggio per impedire che il re venisse liberato.

La sera seguente, Cloots tornò all'Assemblea, circondato dai federati prussiani, tra cui il colonnello Guerresheim, e pronunciò un discorso patriottico che fu ordinato di inviare agli 83 dipartimenti e all'esercito.

Con un tale curriculum di servizio, non sorprende che Cloots sia stato nominato deputato per i dipartimenti di Oise e Saône-et-Loire.

Era già stato messo a capo dei comitati diplomatici e di guerra[290]. Divenne presidente del Club dei Giacobini proprio nel momento in cui era stato pubblicato il decreto contro gli stranieri. In precedenza aveva scritto a Dumouriez: "Schiaccia i nemici all'esterno mentre io schiaccio i nemici all'interno"[291].

Cenando da Roland al momento dei massacri di settembre,

---

[289] Avenel. *Anacharsis Cloots*, cap. I.

[290] *Archives nationales*, A. D. XVIII, 17.

[291] *Id.* a F. 7, 4649.

approvò la "vendetta popolare"[292]. La signora Roland osservò che egli annoiava più di un ascoltatore con i suoi discorsi, ma non menzionò alcuna protesta.

È difficile dire se Anacharsis Cloots fosse un agente diretto del governo prussiano o semplicemente un collaboratore del sindacato occulto che dirigeva la nostra Rivoluzione. Sosteneva di essersi allontanato dal suo Paese, ma era in corrispondenza con il Duca di Brunswick[293].

Non sappiamo se fosse arrabbiato o se stesse solo posando per originalità.

Tra gli organizzatori della festa della dea Ragione a Notre-Dame, una notte andò con Pereyra a svegliare il vescovo Gobel per convincerlo ad abiurare. Definendosi "l'oratore del genere umano", Cloots un giorno travestì dei vagabondi da turchi, indiani, persiani, ecc. e li portò alla Convenzione per chiedere una repubblica universale. Conosciamo tutti l'eloquente conclusione del suo famoso discorso: "Il mio cuore è francese e la mia anima è un sans-culotte".

Cloots aveva trovato un modo per fermare l'invasione del 1792: propose che l'esercito francese, di fronte ai prussiani e agli austriaci, "avanzasse verso di loro con un passo di danza che esprimesse amicizia"[294]. Purtroppo i generali si opposero a questo tentativo.

Cloots, Paine e Robert, tutti e tre stranieri, furono i primi a parlare di repubblica, quando nessun francese ci aveva ancora pensato. Già il 21 aprile 1792, l'oratore dell'umanità si presentò

---

[292] De la Gorce: *Histoire religieuse de la Révolution*.

[293] *Archives nationales*, F. 7, 4438.

[294] T. De WYZEWA: *Excentriques et aventuriers*, p. 165.

all'Assemblea ed esaltò questa forma di governo.

Anacharsis Cloots si impegnò attivamente per far condannare a morte Luigi XVI. Dopo il 21 gennaio, scrisse a un amico: "Vorrei lavarmi le mani, battezzate nel sangue di Luigi XVI, nel sangue dell'ultimo tiranno"[295].

Purtroppo, durante il Terrore, la popolarità di Anacharsis Cloots fu demolita da Robespierre, che era sospettoso, a suo dire, di un sans-culotte con un reddito di centomila sterline. Dopo essersi lasciato sfuggire queste parole: "Il mio discepolo Robespierre dimentica le lezioni del suo maestro", si attirò la seguente apostrofe: "Cloots passi la tua vita con gli agenti e le spie delle potenze straniere". Brissot, dopo essergli stato amico, aveva già scritto nel *Patriote Français:* Molta malizia, un percorso variabile, una meta sconosciuta, questo è Cloots[296].

Una volta osò mostrare la sua indipendenza dalla Massoneria opponendosi alla proposta di riservare tutte le cariche pubbliche ai soli massoni[297].

Cloots sostiene di aver combattuto nel comitato diplomatico "contro la fazione inglese che vi predominava". Tuttavia, fu arrestato come complice di Pitt, insieme a Hébert, Ronsin, Chabot, Fabre -d'Églantine, Momoro, Chaumette e Gobel[298]. Si sosteneva che stessero progettando di dare la dittatura al sindaco di Parigi, Pache.

I sigilli furono apposti da Cloots, le carte sospette furono messe da parte; i verbali elencano il suo intero guardaroba: dodici

---

[295] Richter: *Cloots.* Quest'opera, pubblicata a Berlino, non è ancora stata tradotta.

[296] *Archivi nazionali*, A. D. XVIII I 17.

[297] F. Caussy: *Choderlos de Laclos*, p. 158.

[298] L. Madelin: *La rivoluzione francese.*

paia di pantofole, un piatto per la barba, sette bottoni per il vestito, un paio di bottoni per le maniche, ecc.[299]. Non una parola sulla sua corrispondenza con la Prussia e l'Inghilterra. Sarebbe interessante!

Cloots fu condannato e ghigliottinato.

Alcuni altri prussiani svolsero un ruolo più discreto nel periodo rivoluzionario. Il pastore Bitaubé, nato a Kœnigsberg, era uno scrittore di talento. La sua traduzione *di Omero*, alcune poesie e varie opere lo portarono all'Accademia di Berlino. Méhul mise in musica il suo poema *Joseph*.

Ci si chiede perché Bitaubé si sia ritrovato a Parigi all'inizio della Rivoluzione, membro del club giacobino, vivendo nell'ambiente di Cerutti e Ximénes, e spesso invitando a cena Robespierre.

Il generale Thiébault era solito sedersi al suo tavolo il giovedì sera con Chamfort e Hélène Williams, un'inglese entusiasta della Rivoluzione.

Mentre i letterati francesi vengono proscritti[300], si propone alla Convenzione di votare una pensione per Bitaubé. Kéralio gli scrisse: "Brissot, Carra e tutti i tuoi amici della Convenzione devono alzare la voce per sostenere questo atto di giustizia"[301].

---

[299] *Archives nationales*, F. 7, 2507 e F. 7, 4649.

[300] Louis Blanc attribuì alla. Se la Rivoluzione si gloriava di aver fondato l'Institut, vale la pena di ricordare la creazione di cinque accademie da parte di Luigi XIV: l'Académie Française, l'Académie des inscriptions et belles-lettres, l'Académie des sciences, l'Académie de peinture et de sculpture e l'Académie d'architecture, tutte abolite dalla legge dell'8 agosto 1793, che Michelet e L. Blanc ignorano. Quasi tutti gli accademici furono prosciolti. Vedi BIRÉ: *Légendes révolutionnaires*.

[301] *Archives nationales*, F. 7, 4601.

Bitaubé fu arrestato durante il Terrore e rilasciato il 9 Termidoro. Poco si sa del suo ruolo politico, ma senza dubbio doveva collaborare con i suoi amici giacobini. Una misteriosa lettera inviata da Londra via Francoforte il 24 maggio 1793 sembra riguardare le attività rivoluzionarie ed esprime la speranza che Bitaubé comprenda le abbreviazioni. Altri documenti che lo riguardano sono scomparsi dagli archivi.

Nell'anno VI, Bitaubé divenne presidente dell'Istituto.

La baronessa d'Aelders, figlia di un oste di Groninga, era un agente segreto del governo prussiano. Negli ultimi anni del regno di Luigi XVI, fondò a Parigi un club di donne rivoluzionarie, "*les amies de la vérité*". Protetta da Condorcet, Mme d'Aelders era in combutta con Basire, il deputato di Digione. Questo giacobino era piuttosto umano: protestò contro i massacri di settembre e ritardò il processo ai Girondini dopo averli accusati. Poiché "non sapeva rifiutare nulla alle donne"[302], è probabile che sia stata Mme d'Aelders a spingerlo ad attaccare il re, la corte, Lafayette, ecc.

Arrestata dopo la rivolta di Champ de Mars, Mme d'Aelders fu presto rilasciata, grazie a un'influenza di alto livello. Fu nuovamente imprigionata il 5 Messidoro, anno II, e furono apposti i sigilli al piano rialzato in cui viveva all'11, rué Favart. Il Comitato di Sicurezza Generale diede l'ordine di estrarre dalle sue carte la corrispondenza sospetta; i commissari dichiararono di aver messo le suddette carte "in un coperchio di poltrona che abbiamo aperto, e abbiamo messo il sigillo del nostro comitato su entrambe le estremità e abbiamo fatto portare il tutto al nostro comitato"[303].

Purtroppo questi documenti sono scomparsi, così come tutti

---

[302] *Grande enciclopedia.* Articolo di M. AULARD su Basire.

[303] *Archives nationales*, F. 7, 4659.

quelli degli agenti stranieri.

G. Forster, figlio di un pastore di Danzica, accompagnò Cook in tutto il mondo, fu a sua volta alchimista, professore all'Università di Vilna e bibliotecario all'Università di Magonza. Massone rosacroce, membro del club giacobino di Magonza dopo la conquista della città e appassionato ammiratore della Rivoluzione francese, Forster era in regolare corrispondenza con Lebrun-Tondu e alcuni dei nostri politici. Il 5 giugno 1792 annunciò l'imminente rovesciamento del potere reale. Nel 1793 si stabilì a Parigi, parlò alla Convenzione, cenò con Merlin de Thionville, Théroigne de Méricour, Lecouteulx de Canteleu, Rewbell, Lecointre e altri.

Nel giugno 1793 fu nominato commissario del Consiglio esecutivo e il Ministero degli Affari Esteri gli affidò due missioni, nelle Fiandre e nella Franca Contea[304].

Amico di Thomas Paine e Miss Williams, dopo il Terrore divenne un controrivoluzionario, come il suo compatriota Adam Lux che, dopo aver aderito al movimento giacobino, difese Charlotte Corday e per questo fu condannato a morte.

Schlabrendorf, nato in Slesia, fu talmente assorbito dalla Rivoluzione che per diversi anni dimenticò di dare notizia della casa che aveva affittato a Londra prima di trasferirsi a Parigi. Uomo molto ricco, durante il periodo rivoluzionario visse in un modesto appartamento dove intratteneva un gran numero di amici.

Ha continuato a cospirare sotto il Consolato senza che se ne parlasse molto.

Il dottor J. Eric-Bolmann (hannoveriano) si stabilì a Parigi

---

[304] Chuquet: *Études d'Histoire*, 1 serie[ère], p. 234.

con uno zio, suddito inglese. Racconta di essere stato spinto contro la sua volontà, a colpi di picca, nel mezzo dell'insurrezione del 10 agosto. Disgustato da Parigi, se ne andò, salvando Narbonne con un passaporto inglese, su richiesta di Mme de Staël[305].

Tra gli altri, Trenck, che sacrificò la sua fortuna per "la soddisfazione di vivere nella terra della libertà"[306], il sarto Nestch, che partecipò a un complotto per assassinare Lafayette, il rabbino Hourwitz, amico di Fauchet e Clavière, Aelsner, Campe, Huber, Ancillon, Archenholz, Goy ed Eschim Portaek, membro del Club dei Giacobini.

In sintesi, il ruolo della Prussia fu particolarmente importante all'inizio della Rivoluzione. Dopo il rovesciamento della monarchia francese, il gabinetto di Berlino si consegnò al governo inglese.

Sembra che queste due potenze abbiano unito i loro sforzi contro Luigi XVI. Al momento del cambio di ministero, il 12 luglio 1789, l'ambasciatore inglese in Francia, dopo aver inviato immediatamente una lettera al suo governo, si affrettò a mandarne un'altra al re di Prussia. Non appena questa lettera arrivò, "fu convocato un Comitato straordinario; il principe Henri non fu chiamato... La Corte vorrebbe che i problemi in Francia fossero più gravi e durassero per sempre"[307].

Il motivo dell'esclusione del principe Enrico di Prussia era la sua simpatia per la Francia, sottolineata da tutti coloro che entravano in contatto con lui.

Quando si parlò di mettere il Duca di Brunswick sul trono di

---

[305] LADY BLENNERHASSET: Mme *de Staël et son temps*, vol. II, p. 158 ss.

[306] Avenel: *Anarchasis Cloots*, p. 182 ss.

[307] *Archivio degli affari esteri*. Corrispondenza da Berlino, luglio 1789.

Francia, il governo britannico non si oppose; non credeva nel successo della candidatura del Duca di York. Brunswick, cognato del re d'Inghilterra, era sotto la sua influenza. Già nel 1876, Mercy Argenteau fece notare a Kaunitz le sovvenzioni versate a Brunswick dal gabinetto di Londra e, nel 1789, Moustiers affermò che l'entourage del re di Prussia era stato venduto all'Inghilterra.

Ma i nostri statisti non hanno mai preso sul serio i rapporti segreti dei governi stranieri a Parigi. Ne abbiamo un esempio troppo recente per essere dimenticato: sappiamo con quanto scetticismo fu accolto nel 1914 il volume di M. Léon Daudet "L'Avant-Guerre". Sembra che la Rivoluzione francese sia stata preparata con la stessa abilità della recente invasione dei barbari d'oltre Reno.

CAPITOLO IX

AGENTI INGLESI

Tra gli stranieri che invasero la Francia nel 1789 e lavorarono alla Rivoluzione, gli inglesi erano di gran lunga i più numerosi; ma, con poche eccezioni, si camuffarono più abilmente degli altri.

Ecco i principali:

Tra i rivoluzionari cosmopoliti c'era un personaggio piuttosto simpatico, un filosofo caritatevole e devoto ai suoi amici, Thomas Paine (o Payne), che ebbe il coraggio di esprimersi alla Convenzione contro la morte di Luigi XVI.

Impiegato nel servizio doganale inglese, Paine era stato licenziato dal suo incarico; si mise in proprio come commerciante di tabacco, poi come fabbricante di corsetti e infine come droghiere. Non vedendo la sua fortuna, si arruolò in America e fu nominato aiutante di campo del generale Greene. Incaricato di negoziare un prestito a Parigi, ricevette sostanziose gratifiche dal governo americano. Accrebbe poi la sua fortuna costruendo ponti. Improvvisamente scopre la sua vocazione letteraria e inizia a scrivere pamphlet.

Arrivato a Parigi nel 1787, Paine doveva ripartire l'anno successivo, ma, dice, "il desiderio di contribuire con tutte le mie forze alla Rivoluzione francese mi ha indotto a rimandare il mio ritorno... Il piano che avevo proposto per la grande opera è ancora nelle mani di Barère³⁰⁸ ". Nel 1788, quindi, Paine sapeva che la Rivoluzione stava per scoppiare.

È l'autore della Dichiarazione dei diritti dell'uomo e del discorso attribuito al colonnello du Châtelet che conclude l'abolizione della monarchia. Questa dichiarazione, di cui i nostri democratici vanno tanto fieri, è dunque opera dell'Inghilterra.

Insieme a Pétion, Lafayette e Buzot, Paine fondò un club che si riuniva a casa di Condorcet e lavorava al movimento rivoluzionario.

Nel luglio 1791, Paine tornò a Londra perché Lafayette, non potendolo impiegare a Parigi, gli chiese di portare la chiave della Bastiglia a Franklin³⁰⁹. Ma fu accolto male dai suoi concittadini a causa delle sue idee repubblicane e tornò a stabilirsi definitivamente a Parigi. Al suo sbarco a Calais era stato preparato un ingresso trionfale. I soldati formarono una siepe al suo passaggio; gli ufficiali lo abbracciarono e lo condussero all'Hôtel de Ville, dove fu nuovamente abbracciato dalla Municipalità.

Paine fu membro della commissione incaricata di preparare la nuova Costituzione. Nominato membro della Convenzione da tre dipartimenti, Oise, Puy-de-Dôme e Pas-de-Calais, ispirò gli articoli di Brissot. Mme Roland segnalò a Bancal la formazione di una Società Repubblicana guidata da Paine. È lui", scrive nel 1791, "che ha fornito il materiale per il prospetto esposto questa mattina da tutte le parti"³¹⁰.

Uno dei suoi amici, Wilkes, arrestato a Parigi e condannato, aveva un motivo urgente e misterioso per tornare in Inghilterra

---

[308] *Archives nationales*, F. 7, 2775.

[309] Lettera di Gower a Grenville.

[310] Corrispondenza di Mme Roland.

per qualche giorno; Paine ottenne un salvacondotto per lui, impegnandosi a prendere il posto di Wilkes in prigione. Tornò e fu abbastanza fortunato da sfuggire alla ghigliottina.

Mme Roland paragonò il volto di Paine a una mora cosparsa di farina. Poiché non conosceva il francese, i suoi amici leggevano i suoi discorsi alla Convenzione mentre Paine faceva i gesti. Si può notare che le sedute della terribile assemblea non mancavano di una certa allegria.

Paine viveva in un vero e proprio covo di cospirazione inglese, il White Hotel sul Passage des Petit-Pères. C'erano Stone, Smyth, E. Fitz-Gerald, Yorke, il capitano Monro e altri. Bevevano così tanto che Paine divenne un alcolizzato.

Dopo i massacri, che disapprovava, consigliò di processare Luigi XVI; convinto che il re stesse per essere assassinato, pensava di poterlo salvare in questo modo. Voleva il rovesciamento della monarchia francese, ma la crudeltà gli ripugnava. Difendendo il sovrano alla Convenzione, Thomas Paine spiegò che avremmo dovuto mostrare compassione, perché potevamo vedere in questo monarca solo "un uomo maleducato come tutti i suoi simili".

È probabile che la scarsa educazione di Luigi XVI gli abbia impedito di ringraziare il suo difensore.

Dopo essersi opposto alla pena di morte, Paine propose di inviare la famiglia reale in America.

Da quel momento Robespierre lo dichiarò sospetto. Paine si era anche inimicato Marat denunciando al Club dei Giacobini i suoi progetti di dittatura. Non sfuggì quindi alla proscrizione. Inizialmente Paine si nascose sotto la protezione di Samson, l'esecutore delle Grandi Opere, ma questo ingegnoso nascondiglio fu infine scoperto. I poliziotti incaricati di arrestarlo raccontano che la perquisizione aveva sconvolto il loro stomaco, per cui cominciarono a pranzare; poi, scoperto l'inventore della Dichiarazione dei diritti dell'uomo, "non riuscimmo", dissero, "a farci ascoltare da lui, essendo americani; per questo motivo pregammo l'inquilino principale della suddetta casa di servirci gentilmente da interprete". Non volendo lasciare alcun dubbio sulla nostra condotta, chiedemmo che tutti gli armadi fossero aperti"[311].

Ma, dopo uno scrupoloso esame, i documenti di Paine non sembravano contenere nulla di sospetto; il che non gli impedì di essere rinchiuso nella prigione del Lussemburgo. Doveva la sua vita a un caso fortunato, a meno che tale caso non fosse stato favorito dal Sindacato anglo-prussiano - perché va notato che gli stranieri escono sempre di prigione più facilmente dei francesi. Ogni giorno, il carceriere del Luxembourg segnava con il gesso le celle dei prigionieri che sarebbero stati giustiziati il giorno successivo. Paine era incluso in una lista di 160 condannati, ma la porta della sua cella era aperta perché aveva la febbre; la croce bianca era segnata all'interno della porta. Quando la sera la cella fu chiusa, la croce non era più visibile dall'esterno[312]. Il mattino seguente furono contati solo 159 prigionieri anziché 160. Paine fu quindi senza dubbio sostituito a caso dal primo che capitava.

Forse non sospettando il pericolo da cui era scampato, il prigioniero scrisse in tutte le direzioni per protestare contro la sua detenzione. Robespierre", disse alla Convenzione, "era mio nemico inveterato, come lo era di tutti gli uomini di virtù e di umanità". Finalmente, dopo otto mesi, Paine fu rilasciato grazie a diversi interventi (13 Brumaio, anno III).

Dopo questo allarme sembra aver svolto un ruolo più discreto. Smise di andare alla Convenzione, ma, secondo Bourdon, "si intratteneva con un ex agente straniero, Louis Otto". Non c'è

---

[311] *Archives nationales*, F. 7, 2775.

[312] Fortiolis: *Un Anglais membre de la Convention*, Revue hebdomadaire, 1914.

traccia dei suoi successivi rapporti con il governo britannico.

Sotto il Direttorio, Paine non si fece un nome. Nel 1802 partì per l'America, rapendo la moglie di un suo amico giornalista. Morì alcolizzato nel 1809.

Il suo concittadino W. A. Miles, agente di Pitt, esercitava una certa influenza sui nostri ministri, come dimostra questa lettera di Lebrun-Tondu: "Mi mancano diciotto luigi per l'estinzione di una cambiale. Non potreste aggiungere questo nuovo beneficio a tutta la gratitudine che vi devo?

Il reverendo Ch. Miles, nel pubblicare la corrispondenza di suo nonno, si è stupito della scomparsa delle lettere di W. A. Miles a Pitt dal 1790 al 1793. "Dovevano essere le più interessanti", ha osservato. Non è forse proprio perché erano troppo interessanti che il governo inglese non ha voluto lasciarle nelle mani degli eredi del suo agente?

Miles dice di essere stato mandato segretamente a Parigi per lo stesso motivo del suo amico Hugh Elliot.

Holland Rose, nel racconto di Pitt, spiega che la loro missione era "influenzare i democratici francesi".

All'epoca in cui Pétion introdusse Miles al Club dei Giacobini, egli viveva al 113 di Faubourg Saint-Honoré; era in contatto frequente con Barnave, Mirabeau, Lafayette, Frochot, ecc. Purtroppo le lettere di Miles, che non contengono nulla di incriminante, sono le uniche ad essere state pubblicate. Nel settembre 1790 annunciò a Pitt che la monarchia sarebbe stata presto abolita in Francia. All'epoca non c'era un solo deputato che non fosse monarchico e non c'era un solo francese che si definisse repubblicano.

La corrispondenza di Miles dimostra che non ha una buona idea dei suoi amici giacobini: "Non c'è nulla di buono da aspettarsi da un'assemblea di ladri, assassini, ecc. "Se attribuite la Rivoluzione a un sentimento virtuoso o a uno sforzo coraggioso, vi sbagliate" (18 marzo 1791). Miles si lamentava in questo periodo che la sua corrispondenza era intercettata, così le sue lettere divennero più banali[313].

Nel XIXe secolo, diversi pronipoti di Miles divennero francesi; il più noto è l'ambasciatore Waddington.

Hugh Elliot, che lavorava con Miles, era il cognato di Lord Auckland. Ex allievo di Mirabeau nel collegio di Choquart, fu incaricato di influenzare il famoso oratore a favore dell'Inghilterra[314].

Hugh Elliot scrisse a Pitt il 26 ottobre 1790: "Non posso confidare alla carta il resoconto delle mie conversazioni segrete con vari personaggi politici. Ma ho tutte le ragioni per credere che, più di chiunque altro, io sia padrone degli eventi"[315].

Ci sono accenni al fatto che Mirabeau e altri non rifiutarono il denaro inglese, ma Holland Rose aggiunge: "I nostri due inviati furono abbastanza discreti da fornire pochi dettagli nelle loro lettere.

Dracke, una spia inglese, partecipò alle sessioni segrete del Comité de Salut Public e ne diede un resoconto accurato a Lord Grenville. Il 2 settembre 1792 gli comunicò che quella sera erano stati designati per l'arresto 2.250 sospetti. La morte di Maria Antonietta e dei Brissotin era stata decisa e 500.000 franchi erano stati dati a Pache per fomentare una rivolta nei primi giorni di

---

[313] Miles fece da intermediario tra Danton e il Ministero inglese, in particolare durante il processo a Luigi XVI.

[314] Pallain: *Missione di Talleyrand a Londra*, p. 234.

[315] Hollland Rose: *William Pitt*, p. 581. Quest'opera non è ancora stata tradotta in francese.

settembre[316].

Il signor Aulard ritiene che Dracke abbia trasmesso solo informazioni di politica estera. Ma se i segreti della nostra diplomazia erano affidati a lui, perché gli affari interni avrebbero dovuto essergli nascosti? Billaud Varennes e Hérault de Séchelles si accusarono a vicenda di questo tradimento. Forse avevano entrambi ragione, perché Hérault de Séchelles prendeva dossier diplomatici per comunicarli al figlio del ministro austriaco Kaunitz; e Billaud Varennes inviava segretamente a Venezia e in Spagna rapporti su ciò che accadeva negli ambienti governativi. I loro nomi furono nuovamente citati durante la presa di Tolone; fu sequestrata la corrispondenza di un traditore che non poteva che essere uno dei membri del Comitato di Pubblica Sicurezza[317].

Dracke non sembra aver avuto problemi nella sua professione per tutto il periodo rivoluzionario; fu perseguito solo all'epoca del complotto di Georges Cadoudal, in quanto era uno dei suoi ausiliari.

I Girondini si riunivano la domenica sera nel salotto di Hélène Williams, amica di Mme Roland. La donna esercitò una grande influenza su Bancal, Brissot, Achille du Châtelet, Miranda, Lasource, Sillery, Girey-Dupré e Rabaut Saint-Etienne. Mme Roland voleva darla in sposa a Bancal, ma la giovane inglese preferì il suo concittadino Stone, che la seguì ovunque. Non siamo riusciti a scoprire se i due abbiano spinto lo spirito rivoluzionario fino a una libera unione, o se Hélène Williams abbia concesso a Stone solo un amore platonico. Lei non portò mai il suo nome; ci si è chiesti se fossero segretamente sposati. Ma in un rapporto della polizia al Comitato rivoluzionario si

---

[316] *Commissione manoscritti storici* (Appendice I). *I manoscritti di J. B. Fortescue*, vol. II, p. 457.

[317] Mathiez: *Histoire secrète du Comité de Salut public*.

legge che la moglie di Stone ha un patrimonio di 60.000 sterline (oltre 1.500.000 franchi)[318]. È quindi probabile che Stone abbia lasciato la moglie per seguire Helene Williams, senza però divorziare.

Arrestata nell'ottobre 1793 e poi rilasciata, Hélène Williams si rifugia in Svizzera fino al 9 Termidoro. Tornata a Parigi con Stone, continuò senza dubbio la sua attività politica, visto che fu nuovamente arrestata nel 1802, in seguito a una perquisizione dei suoi documenti da parte della polizia.

Stone, uno dei vincitori della Bastiglia, era molto vicino a Brissot, Pétion e M. e Mme de Genlis. Quando andò all'estero, affidò i suoi documenti a Stone, che li consegnò a Hélène Williams. Quando seppe che la sua casa sarebbe stata perquisita, la giovane inglese bruciò i documenti di Madame de Genlis.

Per giustificare la sua presenza a Parigi, Stone aprì una tipografia. Quando fu sospettato di cospirazione, affermò di essere completamente assorbito dai suoi affari. Riuscì a farsi nominare presidente del club "Amici dei Diritti Umani" e ad acquisire una certa influenza.

Lord Stanhope scrisse a Grenville: "Il signor Stone è un inglese che conosce bene i ministri e gli uomini di spicco in Francia... Sarà in grado di convincervi delle loro buone intenzioni.

Stone organizzava cene con Milnes e R. Smith, agenti di Pitt. Durante una delle loro orge, un inglese, dopo abbondanti libagioni, diede un pugno in faccia a Paine e poi fuggì inorridito dal suo crimine. Ma il giorno dopo si riconciliarono[319].

---

[318] *Archives nationales*, F. 7, 4778.

[319] *Archives nationales*, F. 7, 4778.

Stone testimoniò a favore di Miranda. Arrestato due volte e rilasciato, si rifugia in Svizzera dove incontra Hélène Williams. Tornò con lei dopo il 9 Termidoro.

William Stone, fratello del primo, processato per cospirazione in Inghilterra e poi assolto, si era stabilito a Villeneuve-Saint-Georges nel 1789, con un connazionale, Parker. I fratelli Stone sostengono di aver pagato 12.000 franchi per fuggire da Sillery, che Mme de Genlis rifiutò di rimborsare.

La corrispondenza di Stone arrivò dall'Inghilterra sotto la copertura di Auguste Rose. Partecipò ai principali tumulti: nel volume di Algeri sul ruolo degli inglesi nella Rivoluzione francese[320], Rose è indicato come uno dei dieci "uscieri" della Convenzione (uno dei dieci uscieri, ecc.). Il 9 Termidoro fu incaricato di condurre Robespierre e i suoi sostenitori al Comitato di Pubblica Sicurezza. Rose fu arrestato per ordine della Comune; spintonò le guardie e fuggì. Cercò poi di passare inosservato.

David Williams, che non era parente di Hélène Williams, lavorò con Roland e Brissot, che tradusse la sua opera sulla libertà. Naturalizzato francese, nel novembre 1792 dichiarò di "arrendersi ai desideri della sua nuova patria e di contribuire all'edificio di felicità e prosperità che la Convenzione deve erigere"[321]. Tuttavia, Guglielmo amava i suoi amici rivoluzionari solo a metà rispetto ai membri della Convenzione: "La negligenza, l'imprudenza e la sporcizia non rendono lodevole un legislatore.

Le lettere di Mme Roland dimostrano che la campagna dei Girondini per la libertà di stampa fu dettata da Williams e dal

---

[320] *Gli inglesi nella rivoluzione francese* (Algeri).

[321] *Archivio del Ministero degli Esteri*, Londra, v. 583.

giornalista inglese R. Pigott.

La Société des Amis des Noirs aveva come scopo apparente l'emancipazione dei negri e come oggetto nascosto la Repubblica Universale. Uno dei suoi principali fondatori fu Robert Pigott, un quacchero inglese amico di Roland e Lanthenas. Al suo fianco c'erano Clarkson, collaboratore di Mirabeau, e i nomi molto francesi di Wilberforce, Paine, Williams, Daer, figlio del conte di Selkirk, Sharp e Grenville[322]. Sostenuta dall'Inghilterra, la Société des Amis des Noirs pubblicò *l'Observateur,* un giornale diretto da Faydel, amico di Laclos[323]. Pigott inventò la cuffietta rossa. Il 10 febbraio 1790, l'Assemblea Nazionale votò per la stampa di uno dei suoi discorsi.

Anche altri due Pigott lavorarono durante la Rivoluzione: uno era un magistrato dello Shropshire; l'altro, un pamphletista, John Pigott, talvolta noto come Jean Picotte, fu arrestato nel 1793 e rilasciato l'anno successivo.

Perché Benjamin Vaughan viveva a Passy sotto il nome di Jean Martin? Perché andava spesso a trovare Robespierre in segreto?[324] Figlio di un ricco mercante inglese, aveva sposato la signorina Manning, membro della famiglia del cardinale, quindi doveva avere una situazione abbastanza buona a Londra, dove sosteneva di essere in difficoltà a causa delle sue opinioni politiche. Dopo aver tenuto una serie di discorsi a Nantes, Vaughan si unì alla Société des *Amis de la Révolution* nel 1791. Oltre a Robespierre, solo quattro o cinque persone conoscevano l'identità di Vaughan (il vescovo Grégoire, Hamilton Rowan, ecc.). Arrestato nel 1794, il falso Jean Martin fu quasi messo a

---

[322] Tra questi c'è il banchiere Kornmann, membro della Comune e famoso per le sue disgrazie coniugali.

[323] DARD : *Choderlos de Laclos.*

[324] M. Mathiez (*Annales révolutionnaires del febbraio 1917*) nega l'intimità di Vaughan con Robespierre, ma la afferma Barère.

morte come agente di Pitt. Ma dopo un mese di detenzione, ottenne un passaporto per la Svizzera dal Comité de Salut Public.

Il poeta Barlow fu coinvolto soprattutto nella propaganda rivoluzionaria in Savoia, mentre Alfieri cantò la presa della Bastiglia e Klopstock esaltò la Rivoluzione francese.

Durante l'inverno del 1792, una nave inglese di Martin Milleth sbarcò nel porto di Boulogne. Il giorno dopo, il capitano e tutto l'equipaggio scomparvero[325]. La polizia li cercò ma non trovò nulla. Nessuno sapeva che fine avessero fatto, tranne Pitt, che evidentemente aveva assegnato a ciascuno il proprio lavoro.

Watt, figlio del famoso inventore, e il suo amico droghiere Th. Cooper, furono gli organizzatori di una manifestazione in onore dei soldati insorti di Châteauvieux. Amici di Marat, approvano il 10 agosto, donano 1.300 franchi per le famiglie dei patrioti feriti durante l'insurrezione, ma si prendono la libertà di criticare i massacri. Robespierre ne approfitta per denunciarli come agenti di Pitt. Watt fugge in Italia e Cooper in America.

J. Oswald, pamphlet e poeta, amico di Brissot, fu uno dei fondatori della *Chronique du mois*. Nel marzo 1792, affisse dei cartelli nel Faubourg Saint-Antoine chiedendo la distribuzione di picche a tutti i cittadini e l'abolizione degli eserciti permanenti.

Incaricato di organizzare un reggimento di federati, Osvaldo fu inviato in Vandea e ucciso nella prima battaglia, probabilmente dalle sue stesse truppe, perché si era reso intollerabile e i suoi soldati lo odiavano.

La Luzerne, ambasciatore a Londra, cita un agente di Pitt a Parigi nell'entourage del Duca d'Orléans: un uomo di nome

---

[325] *Archivi nazionali*, D. XXIX.

Forth, che viaggiava spesso tra Francia e Inghilterra[326]. Tre membri della Comune di Parigi corrispondevano con Choderlos de Laclos, il confidente di Philippe Égalité, attraverso Forth. Forth riferì fedelmente a Pitt le azioni del Duca d'Orléans. I suoi collaboratori erano Smith, Clarke e Shee.

Mathews, agente segreto del governo britannico, cambia nome quando viene sospettato a Parigi. Era spesso in corrispondenza con i nostri politici. Un giorno, il Comité de salut public pagò quindicimila livree dovute da Mathews al suo albergatore[327]. Considerato lo stato delle finanze francesi, questa generosità appare del tutto straordinaria!

Il 7 settembre 1793, Mathews chiese a Danton un passaporto di sicurezza perché era preoccupato. Aveva ragione, perché il suo arresto era stato deciso il giorno prima. Otto era corso ad avvertirlo, ma lo aveva mancato. Mathews fu quindi arrestato e la polizia sigillò un'importante corrispondenza con Danton, Hérault de Séchelles e altri. Una lettera del 19 settembre ricorda al ministro: "Mi avete promesso che sarei stato rilasciato immediatamente". Non sappiamo se il ministro abbia mantenuto la promessa.

Fu soprattutto l'influenza di Mathews a portare il tedesco Reinhardt nel nostro Ministero degli Esteri, dove divenne un abile diplomatico.

I banchieri Boyd e Kerr avevano fatto la conoscenza dei rivoluzionari ginevrini quando i rifugiati del 1782 ricevettero un milione dal governo inglese. Si trasferirono a Parigi nel 1789, prima in rue d'Amboise e poi in rue de Grammont, dove si impegnarono in politica ed ebbero rapporti d'affari con Philippe Égalité. Fecero da intermediari per pagare alcuni dei leader della

---

[326] *Archivio del Ministero degli Esteri*, Londra, v. 588.

[327] *Archives des Affaires étrangères*, Francia, 1408 circa.

Rivoluzione francese; erano membri del Club de Valois.

Poiché i sigilli erano stati apposti sulla banca di rue de Grammont, Boyd dovette pagare 200.000 sterline per farli rimuovere; poi ritenne prudente vendere e rifugiarsi in Inghilterra. Pitt gli affidò allora diverse missioni segrete.

Dopo la morte di Luigi XVI, Boyd e Kerr si unirono al complotto di Jean de Batz e per questo furono condannati il 29 Prairial, anno II. I rapporti del Comité de Salut Public affermarono che Boyd e Kerr erano agenti diretti di Pitt[328].

Frey e Chabot cercarono di far togliere i sigilli ai loro documenti. Robespierre si oppose, ma Batz riuscì, grazie alla mediazione di Luillier, a far rimuovere tutto ciò che era legato alle sue trame. Boyd era strettamente imparentato con il membro del Parlamento inglese che portava il suo nome.

Abbiamo già sottolineato che il Comitato rivoluzionario della Comune era quasi interamente composto da stranieri: lo svizzero Pache, gli italiani Pio e Dufourny, lo spagnolo Guzman, l'inglese Arthur[329], ecc. J.-J. Arthur è citato nei quaderni di Robespierre tra i patrioti abbastanza abili. Doveva essere piuttosto ricco, visto che possedeva la casa di fronte al Pavillon de Hanovre, come dimostra una causa che intentò contro la famiglia Richelieu.

J.-J Arthur aveva legami con Pache, Marat e la banda Proly, Gusman, Frey, ecc. Presidente della Section des Piques, preparò la rivolta del Campo di Marte. Membro del Comitato centrale della Comune di Parigi, parlò spesso al Club dei Giacobini; testimoniò contro Danton e Clavière, su richiesta di Robespierre; fu membro del Comitato incaricato di sostenere gli Incorruttibili

---

[328] *Archives nationales*, W. 389, n° 904.

[329] Arthur nacque a Parigi da padre inglese (V. Mathiez, *La Révolution et les étrangers*).

contro la Convenzione. È noto che Robespierre non ha mai smesso di denunciare la *fazione straniera*. Tuttavia, il suo Comitato comprendeva cinque stranieri su otto membri, e questo dettaglio mette in dubbio l'indipendenza di Robespierre.

Arthur fu ghigliottinato il 12 Termidoro.

Anche Dobsent (o Dobsen), presidente del Tribunale rivoluzionario, era di origine inglese. Fu lui a organizzare l'insurrezione del 31 maggio. Amico di Lazowski e Desfieux, Dobsent frequentava la banda di Proly e Pereyra. La caduta dei Girondini fu preparata nelle loro riunioni al Café Corazza[330]. Arrestato prima con gli Hébertistes e di nuovo dopo la sommossa del 1er aprile 1795, Dobsent partecipò alle attività giacobine del 1799 e riuscì sempre a fuggire. Fu nominato giudice sotto l'Impero, anche se nel suo curriculum si legge: "Talenti mediocri, al di sotto del livello delle funzioni che avrebbe dovuto svolgere, ecc."[331].

Il conte Charles Stanhope, membro della Camera dei Pari inglese, era cognato di Pitt dal primo matrimonio e genero di Grenville dal secondo. Dopo aver trascorso la giovinezza a Ginevra, dove conobbe i rivoluzionari svizzeri, Stanhope divenne uno dei leader della massoneria inglese. In questa veste si interesserà alla Rivoluzione francese, svolgendo di fatto un ruolo importante nella Loggia degli Amici Uniti, che preparò la caduta della monarchia[332].

Stanhope ebbe frequenti incontri con Philippe Égalité e senza dubbio lo cullò con la speranza di un cambio di dinastia. Una volta rovesciato il trono, Stanhope perse interesse per la Francia

---

[330] A. Schmidt: *Paris pendant la Révolution, d'après les rapports de la police secrète*, p. 149 ss.

[331] *Archives nationales*, F. 7, 6504.

[332] Un nonno ha avuto un ruolo importante nella bancarotta di Law.

e si dedicò nuovamente alle scienze. Inventò macchine per l'addizione e la sottrazione e lasciò un volume sull'elettricità.

Un altro scienziato inglese fu coinvolto nel complotto del 1789: Priestley, nato nello Yorkshire, era professore di fisica e chimica; dopo un ricco matrimonio, divenne ecclesiastico a Birmingham.

Il 26 agosto 1792, sulla base di un rapporto di Guadet, un decreto concesse la cittadinanza francese a numerosi stranieri per i servizi resi alla causa rivoluzionaria, tra cui Priestley, Paine, J. Bentham, Wilberforce, Th. Clarkson, Mackintosch, David Williams e Madison.

Nominato membro della Convenzione da due dipartimenti, Priestley non volle sedere al suo posto; ma la sua influenza era notevole, dato che Burges scrisse a Lord Auckland: "Priestley è considerato il principale consigliere del Ministero. Il suo consiglio è seguito in tutte le occasioni"[333].

Avendo voluto festeggiare il 14 luglio con i suoi amici a Birmingham, ebbe la spiacevole sorpresa di vedere la sua casa saccheggiata da una folla indignata per le sue idee rivoluzionarie. Decise quindi che sarebbe stato più saggio lasciare definitivamente l'Inghilterra e, dopo un altro soggiorno in Francia, Priestley si stabilì in America.

Presbiteriano, Priestley abbracciò la religione di Arminio, poi divenne ariano, quindi sociniano; rimase sempre nemico del cattolicesimo.

Priestley ha lasciato molte opere dotte. A lui si deve la

---

[333] Documenti di Lord Auckland, 4 settembre 1792.

scoperta dell'azoto[334].

Accanto a questi uomini illustri c'era un vero e proprio esercito di cospiratori inglesi.

Thomas Christie, proveniente da una famiglia di accademici, divenne un amico intimo di Danton e Cloots.

Paul Waiworth è alle dirette dipendenze del King of England[335].

Sheare, uno degli amanti di Théroigne de Méricour, era, come suo fratello, un amico intimo di Roland e Brissot.

S. Perry, giornalista, ha cenato con Danton, Condorcet, Brissot e Santerre; ha testimoniato a favore di Marat.

Il pastore Goodwin abbandonò la sua carriera per sposare la causa della Rivoluzione. Amico di Paine, ha lasciato opere molto lette in Inghilterra; M. H. Roussin gli ha appena dedicato un volume. Goodwin viveva più a Londra che a Parigi, mentre sua moglie viveva più a Parigi che a Londra; aveva sposato Mary Wollstonecraft, qualificata come docente in vari documenti.

La signora Wollstonecraft-Goodwin attaccò violentemente Maria Antonietta, anche dopo la sua morte; era talmente esaltata nelle sue idee rivoluzionarie che Horace Walpole la definì una "iena in sottoveste". Uno dei suoi amici, Hamilton Rowan, agitatore irlandese e amico di Robespierre, lasciò Parigi subito dopo l'arresto dell'Incorruttibile.

Lord Palmerston frequentava apparentemente gli ambienti rivoluzionari, mentre Lord Camelsford, parente di Pitt e

---

[334] Elogio di Priestley all'Institut, pronunciato da Cuvier.

[335] *Archivio del Ministero degli Esteri*, Londra, v. 577.

Grenville, si nascondeva con un passaporto sotto falso nome.

L'avventuriero Newton viene nominato colonnello della prima divisione della Guardia Nazionale.

Kerly, agente della banca Herries e frequentatore abituale del Club Jacobin, viene denunciato come spia.

Quintin Cranfurd cospirò con Fersen per salvare la Regina; non si sa se iniziò, come i suoi compatrioti, a cospirare contro la Monarchia.

Il Conte di Devonshire è il comandante del distretto di Récollets.

Wendling (o Wendlen) fu membro del Comitato insurrezionale il 31 maggio[336].

Tra i frequentatori abituali del salotto di Mme de Condorcet c'erano Lord Stormon, Lord Stanhope, Lord Dear, Jefferson, Bache, Franklin, ecc. per non parlare di Anacharsis Cloots, innamorato della padrona di casa[337].

Secondo Louis Blanc, lo scozzese Swinton, che con Brissot aveva fondato il giornale Le *Patriote Français,* aveva la bizzarra professione di "speculatore della dissolutezza"[338].

Un mercante inglese, Marshall, fondò il giornale rivoluzionario *l'Union* nel 1789. Blackwood, arrestato durante il Terrore come agente straniero, fu salvato da Chabot; si sospetta

---

[336] *Actes de la Commune*, t. VII, p. 492.

[337] Michelet: *Donne della rivoluzione.* A. Guillois: *La marchesa di Condorcet.* A. Guillois: *Il salotto di Mme Helvétius.*

[338] Louis Blanc: *Storia della Rivoluzione francese.*

che le sue ghinee non abbiano mancato di influenzare la benevolenza di Chabot[339].

H.-R. Yorke si vantava di aver partecipato a ventidue anni alle tre rivoluzioni in America, Olanda e Francia[340]. Ma doveva essere sempre più giovane, perché sebbene avesse ventidue anni nel 1789, ne aveva solo otto quando fu condannato alla prigione nel 1775 e dodici quando sposò la figlia del suo carceriere nel 1779. Imparentato con Paine, fu membro del club degli Amici dei Diritti dell'Uomo, partecipò alle sessioni della Convenzione e si associò ai principali giacobini. Il vero nome di H. Yorke era Readhead. Denunciato alla Convenzione alla fine del 1793 come agente straniero, fuggì in Svizzera. È noto che scrisse un'opera intitolata *Lettres de France*, che è un quadro della vita e dei costumi francesi sotto il consolato[341].

Holcroft lavorò come stalliere, calzolaio, maestro di scuola, giornalista, attore e drammaturgo prima di entrare in politica dopo la morte delle sue tre mogli. Tradusse le opere di Mirabeau in inglese. Holcroft era amico di Danton e imparentato con la sua famiglia[342].

Smith è giudice del Tribunale rivoluzionario del Finistère; O'Brien è giudice a Saint-Malo. La spia Ducket è il segretario di Léonard Bourdon.

Rutlidge (o Rutledge) apparteneva a un'eccellente famiglia irlandese. Durante il regno di Luigi XV, si recò a Parigi per divertirsi e iniziò la sua carriera letteraria con una tragedia in francese. Sotto Luigi XVI scrisse per la "Quinzaine Anglaise" e

---

[339] Vte de Bonald: *F. Chabot*, p. 138.

[340] L. Fortiolis: *membro inglese della Convenzione*.

[341] T. de Wyzewa: *Eccentrici e avventurieri*.

[342] Sua figlia sposò Mergès, nipote di Danton.

fece rappresentare alcune commedie, che però non ebbero molto successo. Rovinato da un notaio indelicato, non riuscì a ottenere giustizia; forse fu questa disgrazia a gettarlo nel partito rivoluzionario. Autore di pamphlet sediziosi, alla fine del 1789 fu processato per accaparramento di grano e per il reato di lèse-nation. Rinchiuso allo Châtelet, Rutlidge viene descritto come capitano di cavalleria, anche se sembra che non abbia mai fatto parte dell'esercito.

Rilasciato l'anno successivo, tenne discorsi socialisti ai Cordeliers. Rutlidge era un membro dell'amministrazione della sussistenza di Parigi[343] con qualche incarico. Processato di nuovo per aver causato il rincaro del grano, fu arrestato contemporaneamente a Proly e Desfieux. Si pensa che sia morto in prigione nel 1796[344]. Un lunghissimo elenco delle sue opere è stato pubblicato da A. Franklin nella sua "Vie de Paris sous Louis XVI".

Due ricchi inglesi che alloggiavano all'Hôtel Vauban, in rue Richelieu, sotto il nome di Milord d'Arck e Chevalier d'Arck, organizzavano cene sontuose e misteriose alle quali partecipavano Robespierre, Pétion, Buzot, Prieur, Antoine, Rewbell e Brissot.

Uno degli agenti di Pitt, Stanley, era un membro della sezione di Mucius Scœvola[345]. M. A. Mathiez ipotizza che la stessa persona, sotto il nome di Staley, abbia fatto da intermediario tra Perrégaux e il Foreign Office[346].

Faeding, agente del governo britannico a Calais, è un amico

---

[343] *Atti della Comune di Parigi*, t. III.

[344] *La vita privata di un tempo* (Franklin).

[345] P. Caron: *Parigi durante il Terrore*.

[346] *Annales révolutionnaires*, agosto 1916.

intimo di Euloge Schneider.

Il fabbricante di stivali irlandese Kavanagh fu trovato alla testa dei razziatori di armi il 13 luglio 1789; partecipò a tutti i disordini e ai massacri di settembre. "Vigliacco di fronte al pericolo, uccideva quando poteva farlo senza pericolo"[347].

Mackintosh, medico e avvocato, dopo aver scritto un'apologia della Rivoluzione, ricevette il titolo di cittadino francese dall'Assemblea legislativa. Dopo aver comunicato il suo sostegno alla Rivoluzione, continuò a cospirare; nel 1803 fu processato per aver incitato il Primo Console all'omicidio.

Denis de Vitré, figlio di un canadese e di un'inglese, gestiva una fabbrica di Philippe Égalité. Membro dei circoli rivoluzionari di Parigi, Rouen e Montargis, fu denunciato ai giacobini il 16 dicembre 1793 come agente di Pitt.

Ch. Macdonald viene giustiziato come spia britannica.

B. James, professore di inglese, fu uno dei vincitori della Bastiglia; fu nominato segretario del Club dei Giacobini. Un tempo guardiano di Luigi XVI al Tempio, si impadronì della poltrona del re per impedirgli di leggere comodamente.

Tra i vincitori della Bastiglia c'erano Th. Blackwell, un amico intimo di Danton, e W. Playfair, autore di un piano per fabbricare vaglia falsi per rovinare il credito della Repubblica.

Hoffmann, Volfmann e Cook sembrano essere la stessa persona nell'elenco degli olandesi pensionati dall'Inghilterra.

Il nostro Ministero degli Esteri era in frequente corrispondenza con Archibald Mitchell, fortemente sospettato di

---

[347] Algeri: *gli inglesi nella rivoluzione francese*, p. 200.

essere una delle spie di Pitt.

Lord G. Gordon scrisse articoli a favore di Cagliostro dopo l'affare della collana, in cui insultava Maria Antonietta. Fu perseguito e condannato a cinque anni di prigione per aver insultato i magistrati inglesi. Questa disavventura gli impedì di collaborare con i suoi concittadini a Parigi nel 1789. Gordon lasciò il protestantesimo per abbracciare la religione ebraica[348]. Questo caso è abbastanza raro da meritare una menzione.

Il barone d'Auerweck fu denunciato come agente dell'Inghilterra e dell'Austria. Ufficiale ungherese, divenne ingegnere in Francia; si presentava spesso a Parigi con il nome di Scheltheim.

Non siamo riusciti ad accertare il suo atteggiamento nel 1789. In seguito, tuttavia, collaborò con la signora Atkins per far evadere i prigionieri dal Tempio e mostrò devozione alla famiglia reale[349].

È anche difficile apprezzare il ruolo di Lady Kerry. Due volte vedova, risposata una terza volta, dava spettacoli nei suoi salotti parigini. Alla vigilia del 20 giugno, la Principessa di Lamballe, i signori de Lage e de Ginestous lasciarono la sua casa dopo aver perso ogni centesimo[350].

Richard Ferris fu invitato dal Consiglio esecutivo a venire in Francia e a prolungare il suo soggiorno per un'operazione utile al servizio della Repubblica (21 agosto 1793).

Il capitano Frazer, Walsh, Kerny e Mahew vengono denunciati dai rapporti dei nostri agenti diplomatici come agenti

---

[348] Burke: *Riflessioni sulla Rivoluzione francese.*

[349] F. Barrey: La *signora Atkins e la prigione del Tempio.*

[350] R. Arnaud: *La principessa di Lamballe.*

dell'Inghilterra.

Tra i partecipanti alle riunioni giacobine c'erano J. Stanley of Alderley, Wendham, R. Watt, Wilson Huskisson, Pelham, il futuro Lord Chichester e altri.

Tra i collaboratori dei rivoluzionari c'erano G. Lupton, P. Wentworth, S. Deane, Thomas, Muir, Melvile, O'Drusse, Ghym, Samson Pegnet, direttore di un giornale patriota, ecc.[351]

Si può seriamente affermare che un numero così elevato di inglesi si sia riunito a Parigi per caso per lavorare al rovesciamento della monarchia? Accanto agli avventurieri che cercavano di approfittare del disordine per saccheggiare e rubare, c'erano ufficiali inglesi, letterati ed ex funzionari pubblici che non avevano nulla da guadagnare personalmente da un cambiamento di regime in Francia.

Non è forse più probabile credere in un piano organizzato e concludere con Robespierre: "questi stranieri che cercano di apparire più repubblicani degli altri, in realtà non sono altro che agenti delle potenze"[352].

Accanto agli agenti inglesi lavorava un gran numero di politici francesi, sospettati di essere al soldo dell'Inghilterra. Senza dubbio era conveniente sbarazzarsi di un avversario denunciandolo come agente di Pitt, e Robespierre abusava di questo metodo di governo; ma troppo spesso le sue accuse appaiono fondate.

Chabot sosteneva che la moglie di Hébert fosse un'agente di

---

[351] *Archives nationales*, F. 7, 6468. *Archivio del Foreign Office*, Londra, v. 587. Conway: *Paine*. Holland Rose: *W. Pitt*.

[352] Seduta della Convenzione, 9 ottobre 1789.

Pitt[353]. Nelle memorie di Louvet (pagina 9) si legge che Chaumette era, insieme a Marat, uno dei principali agenti stranieri.

Quando Soulavie era responsabile degli affari a Ginevra, raccolse una certa quantità di informazioni sugli agenti dell'Inghilterra, che possono essere riassunte come segue: "Marat prendeva le sue istruzioni a Londra... Clavière fu impiegato per distruggere la monarchia pagando il Faubourg Saint-Antoine il 20 giugno e i marsigliesi e altri il 10 agosto... I disordini a Lione erano pagati dall'Inghilterra... Santerre era il distributore delle mance di Pitt".

Secondo il segretario del Comitato di Sicurezza Generale[354], Santerre era responsabile della distribuzione delle somme donate da Pitt. A casa sua sono state trovate lettere inglesi che annunciavano l'arrivo di diversi milioni.

Dubois Crancé è un complice di Dufourny[355]. Lucile Desmoulins avrebbe ricevuto denaro dal governo inglese. Mentre Hébert denunciò Camille Desmoulins di aver venduto a Pitt, gli hebertisti furono condannati proprio per lo stesso motivo. Quasi tutti i rivoluzionari si scagliarono l'uno contro l'altro con le stesse accuse e si è portati a pensare al proverbio: "Non c'è fumo senza arrosto".

Altre persone, che non erano state corrotte dall'Inghilterra, ne furono influenzate, forse inconsciamente. Quale misterioso negoziato impose a Pétion di recarsi a Londra con Sillery per conferire con Pitt[356]? Condorcet e Fox, Brissot e Sheridan erano

---

[353] *Annales révolutionnaires*, gennaio 1914.

[354] *Mémoires de Sénar*, p. 10. Questa accusa è confermata dalla corrispondenza diplomatica di Soulavie.

[355] Buchez e Roux: *Histoire parlementaire*, t. XXXIII, p. 169.

[356] Buchez et Roux, t. XXVI, p. 271.

in regolare corrispondenza. Brissot, innamorato di Madame Macaulay (Catherine Sanbridge), traduce le sue opere in cui elogia la nostra Rivoluzione.

I discorsi di Lantena sono ispirati da Pigott e David Williams [357]. Bancal frequenta quaccheri e inglesi che collaborano alla nostra Rivoluzione [358]. Roland, Bancal e Lanthenas erano così vicini a Pigott che progettarono di stabilirsi con lui in una vasta tenuta confiscata al clero[359].

Roland, Jean-Bon-Saint-André e Barère sono membri della Società per l'informazione costituzionale[360].

Mourgues, ministro dell'Interno dopo la partenza di Roland, scrive nel 1792: "Mio padre è stato allevato in Inghilterra; io ho terminato la mia educazione lì. Ho portato i miei fratelli e mia sorella nei dintorni di Bath, dove la loro educazione è curata dalla parte della mia famiglia che si è rifugiata in questo Paese quando è stato revocato l'Editto di Nantes"[361].

Nel capitolo XI pubblichiamo i documenti che ci portano a credere che Danton fosse colpevole. In un rapporto recentemente pubblicato da Albert Mathiez, Danton stesso ha dichiarato: "È abbastanza evidente e provato che i gabinetti di Londra e di Vienna possono aver contribuito al rovesciamento dei Brissotin"[362].

---

[357] Corrispondenza con Mme Roland, p. 699.

[358] Correspondance de Mme Roland, p. 743.

[359] Correspondance de Mme Roland, p. 679.

[360] Rosa d'Olanda: *W. Pitt*.

[361] *Archivio del Ministero degli Esteri*, Londra, v. 583.

[362] *Annales révolutionnaires*, aprile 1916.

CAPITOLO X

DA DOVE VIENE IL DENARO

"Negare l'influenza degli stranieri sulla Rivoluzione francese significherebbe negare l'evidenza stessa", scrive M. Hamel[363]. Potremmo dire con altrettanta certezza: negare i sacrifici finanziari fatti dagli stranieri a favore dei rivoluzionari significherebbe negare l'evidenza stessa.

Parlando di anarchia *spontanea*, Taine sembra sbagliarsi completamente: la maggior parte dei contemporanei della Rivoluzione afferma che i rivoltosi avevano denaro in tasca.

Nella corrispondenza di Mirabeau si legge:

"La morte di Foullon è costata centomila lire; quella del fornaio François poche migliaia di lire". Bailly condivide la sua opinione.

Danton disse a Lavaux su[364] : "Vieni con noi, *farai un sacco di soldi* e poi sarai libero di scegliere il tuo partito[365].

---

[363] *Histoire de Robespierre*, vol. III, p. 88.

[364] Sybel: *Histoire de l'Europe*, t. I, p. 96.

[365] La stessa frase è raccontata in altri termini da Chateaubriand, *Mémoires d'outre-tombe*.

Nei giorni dell'ottobre 1789, Théroigne de Méricour distribuì denaro ai soldati e alla popolazione.

Charles Lameth scrive a Godad il 3 luglio 1790: "Lavorate con lo stesso zelo; non è il denaro a fermarmi". Poco più avanti aggiungeva: "Paghiamo i regolari nelle gallerie (dell'Assemblea Nazionale); ci facciamo applaudire da un centinaio di soldati che decoriamo con il nome di popolo"[366].

Secondo Moore, il pubblico delle gallerie, accuratamente reclutato e disciplinato, riceveva da quattro sous a tre livres per sessione. I leader ricevevano tra le dieci e le cinquanta sterline[367].

È per questo che gli oratori più violenti sono stati sommersi di applausi e i moderati accolti con fischi. I parlamentari timorosi o indecisi si sono lasciati trascinare dall'opinione pubblica, ignari che fosse truccata.

Non sappiamo", dice M. de Bonald, "quanta violenza, intrighi e denaro siano costati per incitare il popolo all'agitazione"[368].

Un rapporto del sergente Marceau all'Assemblea Nazionale ammise che la rivolta di Champ de Mars "era stata organizzata da stranieri faziosi, pagati per seminare il disordine"[369].

Nel 1789, i rivoltosi furono attirati a Parigi "da una mano quasi invisibile che pagava per il disordine e pagava profumatamente"[370]. Al momento delle rivolte di ottobre, si dice

---

[366] *Bibliothèque nationale*, L. b. 39, 9040.

[367] Moore: *Views of the French Revolution*, t. I, p. 426.

[368] De Bonald: *Considerazioni sulla Rivoluzione francese*, p. 22.

[369] R. ARNAUD: *Il figlio di Fréron* (Procès-verbaux de l'Assemblée nationale).

[370] G. Bord: *La presa della Bastiglia*.

che siano stati inviati sette milioni dall'estero.

La distribuzione di denaro ai rivoltosi fu confermata da Marmontel, Bezenval, Montjoie, dal marchese di Vergennes e da un gran numero di contemporanei. C'è disaccordo solo sulla tariffa dei salari, stimata da Lafayette in dodici franchi al giorno, mentre altri parlano di sei franchi. I prezzi variavano indubbiamente di giorno in giorno, quindi il disaccordo è solo apparente. Mettra, un agente segreto del nostro Ministero degli Affari Esteri, ha scritto: "È evidente che la superficie della Francia è coperta di agitatori segreti. Quando mi hanno timbrato il passaporto all'uscita da Parigi, ho visto un uomo tirare fuori dalla tasca due assegnini da cinque sterline tenuti insieme.

La gente sembrava stupita dalla ricchezza di questo miserabile. Questo", rispose, "è quello che è stato distribuito ieri ai vincitori della Bastiglia"[371].

Questa testimonianza fu confermata da diplomatici stranieri: ad esempio, il Bailli de Virieu, ministro di Parma a Parigi, scrisse il 3 maggio 1789[372] : "Abbiamo arrestato uomini travestiti che avevano le tasche piene d'oro". I rivoltosi feriti avevano tutti tra i dodici e i trentasei franchi. Uno di loro si lamentò: "Come possiamo essere trattati così per dodici miseri franchi!

Il barone de Staël Holstein racconta che un deputato si sforzava di portare moderazione a un gruppo di esaltati dimostranti, quando un uomo gli si avvicinò e gli disse, mostrandogli dodici franchi in mano: "Quello che dici è vero, ma le tue ragioni non valgono questi[373].

L'anno successivo, Staël Holstein riportò l'arresto a Parigi di

---

[371] *Archivio degli Affari Esteri,* Berlino, supplemento, n. 9.

[372] Grouchy e Guillois: *la Rivoluzione francese raccontata da uno straniero.*

[373] Corrispondenza diplomatica del barone di Staël Holstein.

un libraio berlinese accusato di distribuire denaro per sobillare il popolo.

Il rapporto di Chabroud all'Assemblea Nazionale sui giorni di ottobre parla di una fazione "assicurata della consegna di quindici milioni al mese. I nemici della Francia erano sospettati... Quarantacinquemila sterline furono distribuite al reggimento delle Fiandre; cinquanta vetrai furono arruolati a un luigi".

Per quanto riguarda i massacratori di settembre, il loro stipendio era di un luigi al giorno, pagabile al Comitato delle Quattro Nazioni. I documenti che lo dimostrano si trovano nelle carte del conte Garnier[374].

Diversi storici hanno sostenuto che una delle cause della Rivoluzione fu la carestia del 1789. Ma qual era il linguaggio dei rivoluzionari che accusavano il re di non venire in aiuto alla miseria dei suoi sudditi? Tra tutti i modi di sobillare il popolo", dice Alexandre Lameth, "non c'è nessuno più potente che presentargli l'immagine della carestia. Con duecentomila luigi si potrebbe a Parigi, facendo acquisti straordinari, produrre allarmi le cui conseguenze sarebbero incalcolabili"[375].

Questa frase può essere paragonata alle istruzioni date a un agente inglese nel 1793: "Mantenete i prezzi alti e lasciate che i commercianti mettano all'angolo tutti gli articoli essenziali"[376].

"Dove ha preso Fabre d'Églantine, che era povero prima del 2 settembre, le 12.000 lire di rendita che ha confessato di possedere? Dove ha preso i soldi per mantenere il suo albergo, la sua vela, la sua gente e le sue figlie? E Lacroix, che non ha

---

[374] Mortimer Ternaux: *Histoire de la Terreur*, t. III, p. 275, 521 ss - Secondo Dr Lebon, alcuni massacratori erano pagati ventiquattro sterline al giorno.

[375] G. Bord: *La cospirazione rivoluzionaria del 1789*.

[376] *Archivi nazionali*, A. D' 108.

risposto all'accusa di Guadet, relativa alla trattativa milionaria che la Corte lo aveva accusato di aver avviato con Pétion? E Panis, e tanti altri la cui improvvisa fortuna risale a settembre!"[377].

Da dove veniva il denaro per Héron che, senza alcuna fortuna nel 1789, era stato vittima nel 1793 di un furto di titoli per un valore di ottocentomila franchi? Ciononostante, si sentì abbastanza a suo agio da offrire a Sénar una rendita di seimila franchi e tremilaseicento franchi in contanti, a condizione che lo liberasse della moglie inserendola in una lista di sospetti.

Come ha fatto Fournier l'americano a diventare proprietario di Château de Basancourt nella Seine-et-Oise?

Secondo Mallet du Pan, Hébert ha lasciato un patrimonio di oltre due milioni.

I debiti di Duprat, pari a sessantamila franchi, furono improvvisamente pagati nel 1793. In cambio, avrebbe dovuto fomentare una controrivoluzione anglo-prussiana[378].

Fabre d'Églantine ammise a Marat dodicimila lire di rendita acquisite in un anno[379]. Chaumette, complice di Cloots, inviò al padre ingenti somme attribuite alla generosità di Pitt [380]. Barbaroux accusò molti altri; si sarebbe potuto dire che lui stesso non era in grado di fare il nome del parente che gli aveva appena lasciato in eredità ottantamila franchi.

Gonchon, l'oratore del Faubourg Saint-Antoine, si trovò in

---

[377] Ritratto dei dantonisti, di Brissot *(Annales révolutionnaires,* giugno 1911).

[378] Buchez e Roux: *Histoire parlementaire,* t. XXVI, p. 300.

[379] *Archives nationales,* A. F'' 45, registro 355.

[380] Buchez e Roux: *Histoire parlementaire,* t. XXXII.

prigione con la contessa de Bohm, e ammise di essere pagato da trenta a quarantamila livres per ogni sommossa[381].

Secondo Sybel, il denaro necessario per mantenere le bande in rivolta era fornito "da speculatori come i fratelli Frey e dal Duca d'Orléans". Ma i Frey erano persone troppo pratiche per distribuire il proprio denaro. Potevano essere solo degli intermediari che agivano per conto della Massoneria o per conto di stranieri.

Nel 1789, secondo alcuni autori, il fondo massonico internazionale contava circa dieci milioni e secondo altri venti milioni. Queste cifre sono probabilmente molto esagerate, ma le risorse della setta erano certamente considerevoli. Il suo Gran Maestro, il Duca d'Orléans, aveva una magnifica fortuna, ma l'opinione dei suoi contemporanei era che le grandi somme da lui versate rappresentassero solo una minima parte delle spese della cospirazione.

Una rivoluzione in Francia fa il gioco di tutti i governi. Abbiamo descritto la politica della Prussia e i suoi piani di espansione in Germania.

L'accordo franco-austriaco preoccupava Casa Savoia. Quanto alla Russia, si preparava, come la Prussia, a spartire la Polonia, e la monarchia francese si opponeva. Caterina II, meglio informata di Luigi XVI, venne a conoscenza dei piani della Massoneria e si affrettò a proscriverla nei suoi Stati; al contrario, la preparazione della Rivoluzione in Francia non poteva dispiacerle e una volta ammise quanto segue: "Mi sto rompendo la testa per spingere le corti di Vienna e Berlino a immischiarsi negli affari della Francia per avere mano libera".

---

[381] La Comtesse de Bohm: Le *prigioni nel 1798*. G. Bord: *La cospirazione rivoluzionaria del 1789*, p. 117.

Ma il nemico di sempre della monarchia francese era l'Inghilterra. Nessun'altra potenza aveva tanto interesse a incoraggiare le rivolte e la guerra civile in Francia. La nostra vecchia rivalità con l'Inghilterra era stata esasperata dalla guerra d'America e il governo britannico cercava un'occasione per vendicarsi.

Pitt, appena salito al potere, era stato educato dal padre a odiare la Francia[382]. Auckland ammise che "il desiderio della Gran Bretagna è di ridurre la Francia al nulla politico". Chatham riteneva che il suo Paese non avrebbe "mai raggiunto la supremazia dei mari e del commercio finché esisterà la dinastia dei Borbone". Inoltre, Lord Mansfield aveva osato dichiarare in Parlamento che "il denaro speso per fomentare l'insurrezione in Francia sarebbe stato denaro ben speso"[383].

L'Inghilterra poteva versare oro in Francia senza gravare troppo sul suo bilancio, mentre una guerra comportava rischi e poteva essere rovinosa. D'altra parte, se le finanze britanniche erano in una situazione migliore della nostra, la marina francese era superiore a quella an glaise.

Quindi, per riassumere, i problemi furono corrotti da un sindacato invisibile; l'Inghilterra aveva un grande interesse a distruggere la monarchia francese. Non vale la pena ricordare il vecchio assioma del diritto romano: "*Is fecit cui prodest*".

Inoltre, era risaputo che tutti i disordini erano stati fomentati e pagati dal governo britannico; nei tribunali, nei salotti, nei club, Pitt era accusato di essere l'autore dei problemi. I diplomatici stranieri erano d'accordo con i nostri agenti su questo punto. Allora perché gli storici lo negarono? Senza dubbio per salvare la reputazione dei grandi uomini della Rivoluzione. Che ne

---

[382] *William Pitt.*

[383] Sorel: *L'Europe et la Révolution Française*, vol. III, p. 462.

sarebbe di questi eroi se fosse vera la frase di Lafayette: "Il denaro inglese fu usato per comprare Danton, Pétion, Barère, Tallien, Merlin de Douai, Robespierre, Sieyès, ecc."[384].

Ma in questi casi la prova è molto difficile da stabilire: i politici che si vendono raramente firmano una ricevuta. Una lettera molto curiosa, sequestrata a un agente inglese, conteneva le seguenti parole: "Mylord (Pitt era stato appena nominato) desidera che non pensiate di inviare o tenere alcun conto. Desidera addirittura che tutti i verbali vengano distrutti, poiché se venissero ritrovati potrebbero essere pericolosi per tutti i nostri amici in Francia"[385]. Questa lettera, indirizzata al presidente del comitato inglese di Lille e Saint-Omer, raccomandava due volte di non risparmiare denaro.

Secondo Granier de Cassagnac[386], esisteva un certo numero di ricevute che furono bruciate da Savary per ordine di Napoleone Ier. Ma sembra che si trattasse soprattutto di somme pagate dal duca d'Orléans. In assenza di ricevute, si sarebbe dovuta trovare la corrispondenza che incriminava i colpevoli. Tuttavia, va notato che ogni verbale di arresto dal 1792 al 1794 menziona la sigillatura dei documenti dell'accusato. Spesso si parla di numerose lettere in inglese. Tuttavia, gli archivi nazionali non hanno conservato queste lettere; in compenso, i conti delle lavandaie e dei sarti sono stati scrupolosamente conservati. Senza dubbio Savary o altri hanno dovuto ripulire il loro operato.

Danton, formalmente accusato da Lafayette, aveva sostenitori molto calorosi che difendevano la sua onestà. Purtroppo, le prove contro di lui sono terribilmente numerose: Garat, Brissot, Mirabeau, Rœderer, Bertrand de Molleville, Robespierre, Mme

---

[384] *Memorie di Lafayette*, t. IV, p. 138. Mathiez : *I giorni 5 e 6 ottobre*.

[385] *Archivi nazionali*, A. D' 108.

[386] Granier de Cassagnac: *Cause della Rivoluzione francese*, p. 146 ss.

Roland, Levasseur, Louis Blanc, Thiers, Mignet, ecc. affermano tutti la sua venalità. Così M. L. Madelin, in un recente volume, giunge a questa conclusione: "Danton riceveva denaro dalla corte e forse *da pochi* altri"[387].

Questi altri non sarebbero gli inglesi? Questo si diceva nel 1793. M. de la Luzerne, ambasciatore a Londra, scrisse a M. de Montmorin il 26 novembre 1790: "Ci sono due inglesi a Parigi, uno di nome Danton, l'altro Paré, che alcuni sospettano essere i più particolari agenti del governo inglese". Di fronte al nome di Danton, a margine della lettera, si legge: "Président du d[t] des Cordeliers". Ma questa nota è a matita e in una grafia diversa da quella dell'ambasciatore[388].

Tuttavia, secondo M. Albert Mathiez[389], è proprio il famoso tribuno ad essere in discussione: Paré era, a suo dire, il principale impiegato di Danton. Se quest'ultimo era in possesso della lettera che citiamo a pagina 231, è perché era uno degli agenti dell'Inghilterra. Se M. de la Luzerne crede che Danton fosse inglese, è perché il suo fratellastro viveva a Londra e corrispondeva con lui in inglese. Entrambi, infatti, parlavano questa lingua in modo eccellente.

Per quanto riguarda Robespierre, non abbiamo trovato alcun documento serio che confermi l'accusa di Lafayette. Ma una lettera di Charles Lameth stabilisce chiaramente che Robespierre non era così indipendente come sostenevano i suoi apologeti, e sembrava obbedire alle istruzioni del potere occulto: "Il mio amico Robespierre invettive, calunnie, questo è il modo per non arrivare da nessuna parte. Quando potrò liberarmi di questo pazzo? Ha la giusta dose di buon senso per seguire le istruzioni che gli vengono date, e con questo vuole sempre fare la sua parte.

---

[387] L. Madelin: *La dernière année de Danton* (1914).

[388] *Archivio del Foreign Office*, Londra, v. 571.

[389] Danton e l'oro inglese. *Annales révolutionnaires* dell'aprile 1916.

È molto triste quando la fortuna ti costringe ad assumere persone del genere". La sua lettera, interrotta proprio da una visita di Robespierre, continuava in questi termini: "Il popolo non ci conosce, anzi è nel nostro più caro interesse che non ci conosca mai, altrimenti la lanterna si spegnerà... Lavorate con lo stesso zelo. Sapete che non è il denaro a fermarmi, e del resto quale ricompensa vi è stata promessa?"[390].

Il denaro così generosamente distribuito da Lameth poteva provenire da due fonti, l'Inghilterra e il Duca d'Orléans.

Le memorie dell'epoca sono quasi unanimi nell'attribuire i primi problemi del 1789 a Philippe Égalité[391]. L'unico punto controverso è il seguente: Distribuiva solo il proprio denaro o anche quello dell'Inghilterra? Secondo le memorie di Madame Campan, l'ambizione del Duca d'Orléans e l'oro inglese furono le due cause della Rivoluzione.

Vaudreuil scrisse al Comte d'Artois nel 1790: "Presto la famiglia reale sarà in potere di un principe ribelle sostenuto dal denaro e dalle forze dell'Inghilterra"[392].

"Le somme che vengono versate al popolo non si spiegano con la fortuna stessa del Duca d'Orléans"[393], disse M. de Staël Holstein. Non fu sufficiente per pagare le prime rivolte; i leader del movimento dovettero essere pagati dal 1789 al 1794.

Rivarol sottolineò la voce che "l'oro distribuito dal Duca d'Orléans era per gli inglesi... Dobbiamo aspettare che il signor Pitt spieghi i ventiquattro milioni di spese segrete di cui ha

---

[390] *Lettera a Godad,* 3 luglio 1790, Bibl. nationale, Lb 39, 9040.

[391] La corrispondenza di Mme de Lostanges, pubblicata di recente, conferma ancora una volta questa evidenza. (Lettera del 3 luglio 1789).

[392] Corrispondenza da Vaudreuil, 17 giugno 1790.

[393] Corrispondenza diplomatica del barone di Staël Holstein, pag. 142.

parlato alla Camera bassa"[394].

Nelle memorie inedite del convenzionalista J.-P. Picqué si legge: "Pitt ha basato il suo progetto e quasi tutto il sistema rivoluzionario sul Duca d'Orléans"[395].

L'opinione di A. Geffroy[396] è che "la fazione del Duca d'Orléans fu corrotta dall'Inghilterra".

Il 29 agosto 1789, il barone di Staël-Holstein scrisse al suo governo: "È molto probabile che l'Inghilterra sia sospettata di fomentare e mantenere i disordini". Il 22 ottobre aggiunse: "Il primo partito, che deve essere chiamato cospirazione piuttosto che partito, ha come leader il Duca d'Orléans e come forza motrice l'Inghilterra"[397].

Secondo M. Dard, "l'Inghilterra, in apparenza, nascondeva le sue azioni dietro il partito orleanista"[398].

Sembra possibile che il Duca d'Orléans ignorasse le sovvenzioni fornite dall'Inghilterra ai suoi sostenitori. La signora Elliot (Grace Dalrymple), che era in buoni rapporti con Philippe Égalité, racconta che "la fazione di Orléans non lo consultò nemmeno per le loro operazioni e usò il suo nome per commettere orrori"[399]. Questa opinione spiega l'ipotesi scherzosa di Camille Desmoulins: "Philippe Égalité non faceva forse parte della fazione di Orléans".

---

[394] Le memorie di Rivarol.

[395] Cfr. *Revue historique de la Révolution Française*, dicembre 1915, p. 271.

[396] *Gustave III et la Cour de France*, vol. II, p. 95.

[397] Corrispondenza diplomatica del barone di Staël Holstein, pag. 142.

[398] DARD: *Choderlos de Laclos*, p. 226.

[399] Memorie della signora Dalrymple-Elliot, p. 37.

In realtà, non era il Principe a essere il capo della Massoneria, di cui era il Gran Maestro: avrebbe già potuto fare l'ammissione di un generale da operetta: "Devo seguirli perché sono il loro capo".

Senza dubbio Bezenval (come molti altri) aveva ragione quando nelle sue memorie parlava di briganti "corrotti dal Duca d'Orleans e dall'Inghilterra". Ma sarebbe avventato affermare che il Principe avesse ricevuto denaro dall'Inghilterra. È vero che Jefferson espresse l'opinione che "il Duca d'Orleans viene usato come strumento... il Principe è in combutta con la corte di Londra". Non aveva dubbi che il ministero gli avrebbe fornito somme considerevoli per alimentare la guerra civile"[400].

Jefferson non fornisce alcuna prova della sua affermazione; la signora Elliot era più al corrente di lui delle azioni del Duca d'Orléans, e la "fazione d'Orléans" avrebbe potuto essere pagata dal gabinetto di Londra all'insaputa del Principe. M. Madelin ha annunciato la pubblicazione di una biografia di Philippe Égalité da parte di M. Britsch; speriamo che quando apparirà chiarirà questo punto della storia.

Tuttavia, in mancanza di denaro, il gabinetto di Londra elargì promesse al Duca d'Orléans, come dimostra questa frase contenuta in una lettera del Principe: nell'apprendere la malattia del Re d'Inghilterra, egli scrisse: "Se Giorgio cade completamente, sai cosa mi hanno promesso Fox e Grenville; tutto andrebbe bene allora"[401].

Re Giorgio non aveva simpatia né stima per Philippe Égalité, ma i suoi ministri cullarono il Principe con la speranza di un

---

[400] Jefferson: *Opere complete*, vol. III.

[401] Lettera a. Choderlos de Laclos, 10 marzo 1790. Cfr. DESCHAMPS: *Les Sociétés secrètes*, t. II, p. 149.

cambio di dinastia.

Nelle memorie inedite di I.-P. Picqué, deputato per gli Hautes-Pyrénées alla Convenzione, si legge: "Pitt era davvero il capo invisibile o visibile di un partito che dirigeva i movimenti e i cambiamenti opposti al governo...

"L'Inghilterra aveva i suoi confidenti e i suoi banchieri a Basilea e a Parigi, agenti ben strutturati e diffusi con la tariffa dell'insurrezione...".[402]

Nel suo rapporto sul Comitato di Pubblica Sicurezza, Cambon scrisse: "Da quando vedo Pitt toccare i cinque milioni di sterline per le spese segrete, non mi stupisco più che con questo denaro si seminino guai in tutta l'estensione della Repubblica".

Nel 1793, Barère denunciò l'arrivo di spie e agitatori inglesi in tutti i nostri dipartimenti. Dubois-Crancé riferì che William Pitt aveva inviato quattro milioni agli insorti di Lione[403].

Leggiamo nel memorandum di supporto di Barras [404] : "Petitval aveva comprato dalla moglie di Monciel, per una somma molto considerevole, credo 25.000 livres, la lista degli ex membri della Convenzione e dei membri dei due Consigli che ricevevano sussidi dall'Inghilterra".

I metodi di William Pitt continuarono ad essere utilizzati dai diplomatici inglesi: nel 1830, ad esempio, il tenente La Roche, incaricato di rimuovere la barricata sul Boulevard de la

---

[402] *Revue historique de la Révolution Française,* pagine 271-275.

[403] A. Mathiez : *La Révolution et les étrangers,* cap. IX.

[404] *Revue Historique,* maggio 1918 (articolo di Doney Lachambaudie).

Madeleine, vide degli inglesi distribuire denaro ai rivoltosi[405].

Non era solo in Francia che l'oro inglese faceva agire i politici. Mentre Fersen dichiarava, a proposito dei nostri problemi: "Credo agli argomenti dell'oro inglese"[406]. I nostri diplomatici scrivevano da Berlino: "Tutte le persone che hanno accesso al Re di Prussia sono vendute all'Inghilterra... La contessa de Bruhl, moglie del governatore del Principe Reale, è inglese e fanatica nell'amore per il suo Paese e nell'odio per la Francia... Il medico di corte, uomo di grande ingegno, è inglese"[407].

Diciotto mesi dopo, il marchese di Moustiers disse: "Bischoffswerder si fa corrompere dall'Inghilterra"[408].

Bacher, commissario per le relazioni estere a Basilea, scrisse il 19 Termidoro II[409] :

"La Convenzione di Pillnitz e tutti gli accordi successivi sono dovuti all'oro dell'Inghilterra.

Infine, i nostri agenti diplomatici affermarono che Thugut era stato venduto agli inglesi[410].

L'influenza britannica si trova ovunque: nelle società segrete come nelle nostre assemblee nazionali, nei club e nel Comité de

---

[405] *Souvenirs d'un officiel de gendarmerie*, pubblicato dal visconte de Courson. Si veda l'articolo di Félicien Pascal in *l'Echo de Paris*, 1er agosto 1914.

[406] Lady Blennerhasset: *Mme de Staël e il suo tempo*, p. 26.

[407] *Archives des Affaires étrangères,* Berlino, 1789, lettera di M. d'Esterno.

[408] *Archivio degli affari esteri,* Berlino, 10 febbraio 1791.

[409] *Id.* a Berlino, v. 213.

[410] Confidenze di Poteratz. Lettera di Wickham a Grenville.

Salut Public, così come nei ministeri di tutti i Paesi.

CAPITOLO XI

L'INGHILTERRA E LA RIVOLUZIONE

In assenza di prove concrete, tutto ciò dà adito a gravi presunzioni contro l'Inghilterra. Ma non furono solo le voci pubbliche ad accusarlo di corrompere i sobillatori; non furono solo le corrispondenze e le memorie dei contemporanei, ma anche la corrispondenza diplomatica.

Si obietterà che gli ambasciatori che danno eco alle voci che circolano possono ingannare i loro governi. Ma quando lo stesso fatto viene affermato a Vienna, Londra, Parigi, Amsterdam, Basilea e Berlino, ci sono buone probabilità che sia vero. La corrispondenza diplomatica che pubblichiamo nei documenti di supporto può essere riassunta in questa ammissione di Lord Grenville al conte Stadion: "Per creare utili diversivi, il governo britannico ha l'abitudine di mantenere il disordine interno sul territorio francese"[411].

Infine, la seguente lettera, sequestrata e tradotta per ordine della Convenzione, costituisce una prova concreta: essa fornisce istruzioni da parte di Pitt all'agente incaricato del comitato inglese di Lille e Saint-Omer. Dimostra che questi comitati, istituiti nella maggior parte delle nostre grandi città, operavano

---

[411] *Manoscritti di J. B. Fortescue*, t. II. Doumic: *La Massoneria è ebraica o inglese?* Si vedano anche le *Memorie di Barthélemy*, recentemente pubblicate da M. de Dampierre.

da tempo[412] : a un agente i cui servizi meritavano di essere particolarmente ricompensati veniva promesso un seggio in parlamento.

... "Dobbiamo fare in modo che gli assegnati scendano sempre di più. Mantenere i prezzi alti e lasciare che i commercianti mettano all'angolo tutti i beni di prima necessità...

"Lasciate che Chester vada di tanto in tanto nell'Ardes e a Dunkerque. Ancora una volta, non risparmiate i soldi...

"Vedere centocinquantamila franchi a Rouen e altrettanti a Caen. Che Mors... sia richiamato da Cambrai, che Whitmore vada a Boulogne[413].

"Mastre dovrebbe essere a Parigi, perché come banchiere ha la migliore conoscenza di come sostenere i fondi e abbattere gli assignat. I piani di Milne furono approvati da Pitt...

"Non risparmiate denaro. Mylord desidera che non pensiate di inviare o tenere alcun conto...

"... Se ritenete che Mitchell sia abbastanza sicuro, assumetelo per andare a Parigi e a Dunkerque... Dite a Ness che può essere sicuro di avere un borgo al primo posto libero, o nel prossimo parlamento....[414]

"Abbiamo quarantamila ghinee[415] per i comitati sotto la vostra guida.

---

[412] La lettera è datata 29 giugno 1793.

[413] Le parole Cambray e Boulogne sono cancellate.

[414] Nota del traduttore: cioè sarà un membro del Parlamento.

[415] Nota del traduttore: Quasi sei milioni al tasso di cambio attuale.

"Non lasciate che Marston stia con voi. È prudente avere alloggi separati...".

A questa lettera era allegata una lista di emissari designati da iniziali con le somme da distribuire in quattordici città: Parigi, Rouen, Lille; Nantes, Dunkerque, Calais, Arras, Saint-Omer, Saint-Malo, Boulogne, Douai, Orléans, Blois, Tours[416].

È difficile non considerare questo documento come una prova materiale della colpevolezza del governo britannico.

Secondo Barère, i documenti persi da un inglese dimostravano che il governo britannico aveva inviato agitatori e incendiari in tutti i nostri dipartimenti.

Infatti, scoppiarono incendi a Douai, al porto di Lorient, a Valenciennes, alla fabbrica di cartucce di Bayonne, al parco di artiglieria di Chemillé e così via.[417]

Il Ministero degli Esteri ha riconosciuto che il banchiere prussiano-svizzero Perrégaux "ha distribuito a Parigi nel 1793 ingenti somme a varie persone... per i servizi essenziali che ci hanno reso"[418].

Ecco una lettera ufficiale del Ministero degli Esteri al banchiere Perrégaux, recentemente pubblicata dagli *Annales révolutionnaires*[419] :

"Vorremmo che continuaste i vostri sforzi e che anticipaste

---

[416] *Archives nationales*, A. D' 108, e *Archives des Affaires étrangères*, Londra, 587.

[417] A. MATHIEZ: *La Révolution et les étrangers*, p. 138.

[418] Lavisse: *La France contemporaine*, t. II, p. 151.

[419] Aprile 1916, A. Mathiez: *Danton e l'oro inglese*.

3.000 livres al signor C. D., 12.000 a W. T. e 1.000 a de M., per i servizi che ci hanno reso soffiando sul fuoco e portando i giacobini al culmine della loro furia...

"Aiutare C. a scoprire i canali attraverso i quali il denaro può essere distribuito con maggior successo...".

Pubblicando questa lettera, M. Albert Mathiez conclude: "Non c'è dubbio che l'Inghilterra abbia mantenuto presso i giacobini degli agenti incaricati di spingere il club a un'offerta demagogica eccessiva". Poiché questo documento fa parte delle carte sequestrate a Danton, Mathiez ritiene che il famoso tribuno fosse uno degli agenti pagati da Perrégaux.

In breve, se accettiamo l'esistenza della cospirazione inglese o anglo-prussiana, la nostra Rivoluzione è molto più facile da spiegare che se rifiutiamo questa ipotesi.

Diamo un'occhiata agli eventi dalla preparazione della Rivoluzione: tutto sembra seguire logicamente e il piano dei nostri avversari è perfettamente combinato.

Dalla fine del regno di Luigi XV, la Bretagna subì l'influenza degli emissari inglesi. Alcuni malcontenti offrirono la corona al Duca d'Orléans, padre di Philippe Égalité. Un esercito pagato dall'Inghilterra doveva sostenere il movimento. Quando il Duca d'Orléans rifiutò, i cospiratori decisero di rivolgersi a suo figlio; alcuni di loro erano probabilmente membri del Club Bretone, che in seguito divenne il Club Giacobino. Quindi il sostegno del governo britannico alle ambizioni del ramo più giovane precedeva di molto i problemi. Molto prima della Rivoluzione, il Comte de Vergenne, studiando la questione inglese con Luigi XVI, si era convinto che "l'Inghilterra stava lavorando per distruggere la Francia attraverso disordini e discordie"[420].

Il movimento filosofico che preparò così abilmente la strada alla caduta della monarchia fu lanciato dall'estero. "Da Rousseau nacque Robespierre", scrive M. A. Dides[421]. Ma Rousseau fu indubbiamente influenzato dall'Inghilterra e imitò le opere di Jacques Thomson.

Gli scritti dell'inglese Locke "servirono da prefazione alle opere di Voltaire e Rousseau"[422]. Contiene le teorie della souveraineté del popolo, della separazione dei poteri e tutti i principi del 1789. M. Doumic ha anche sottolineato che i filosofi attinsero dall'Inghilterra le armi contro tutto ciò che non piaceva loro in Francia: governo, religione, costumi e spirito tradizionale"[423].

Se d'Holbach. Helvétius e Diderot non chiedevano una repubblica, avevano screditato e indebolito la regalità, insultandola o minando il cristianesimo[424].

Helvétius, nato a Parigi, era di origine tedesco-olandese. D'Holbach era del Baden. È nel suo albergo che furono scritti libelli e pamphlet contro la religione e la regalità[425]. Furono distribuiti gratuitamente in tutte le province. D'Holbach era l'introduttore di tutti gli stranieri illustri che arrivavano a Parigi. Condorcet era suo amico e discepolo[426]. Helvétius, condannato dalla Sorbona per il suo libro *De l'esprit,* ricevette una calda

---

[420] Campardon: *Le procès du collier.* Soulavie, v. VI, p. 289.

[421] A. Dide: *Protestantism and the French Revolution,* p. 11.

[422] J. Fabre: *I padri della Rivoluzione.*

[423] Doumic: *La scoperta dell'Inghilterra nel XVIIIe secolo.*

[424] Aulard: *Histoire politique de la Révolution Française,* p. 11.

[425] J. de Lannoy: *La Révolution préparée par la Franc-maçonnerie,* Omnia Veritas Ltd, www.omnia-veritas.com.

[426] *Memorie di Grimm.*

accoglienza a Berlino[427]. Fu nel salotto di Madame Necker che si decise di erigere una statua a Voltaire, le cui simpatie prussiane erano ben note. -

Le persone più spirituali della terra sono allo stesso tempo quelle che cedono più volentieri all'influenza straniera. Forse questo è dovuto al proverbio "Nessun uomo è profeta nel suo paese". Gli italiani erano stati di moda durante il Rinascimento; nel XVIIIe secolo, lo furono gli inglesi. Luigi XVI cercò di reagire all'anglomania dei cortigiani, che lo rendeva insofferente. Un giorno, quando Lauzun stava, come era suo solito, elogiando l'Inghilterra, il re gli disse bruscamente: "Quando amate così tanto gli inglesi, dovreste andare a vivere con loro e servirli"[428].

L'Inghilterra attese pazientemente mentre i suoi agenti propagandavano le nuove idee e cercavano di creare uno stato d'animo rivoluzionario in Francia. Lo stesso vale per la Prussia.

La nostra monarchia era nelle mani di un sovrano debole e indeciso, incapace di schierarsi e troppo buono per opporre una resistenza vigorosa alle rivolte. Già nel 1776, Federico III paragonò Luigi XVI a una giovane pecora circondata da vecchi lupi. Aveva ragione, e il sostegno che diede ai filosofi fu una buona politica prussiana.

Abbiamo già detto che la Massoneria francese è stata influenzata dall'Inghilterra e dalla Germania. Esisteva un accordo formale tra i due governi di Londra e Berlino? È probabile, ma è impossibile fornire prove. I nostri diplomatici e alcuni storici affermano che molte personalità prussiane contribuirono ai fondi segreti del gabinetto di Londra. Il re d'Inghilterra era cognato del duca di Brunswick e la corte di

---

[427] A. Keim: *Helvétius*.

[428] Marchese di Ségur : *Le couchant de la Monarchie*, t. II, p. 219.

Berlino era sotto l'influenza britannica.

A lungo si è creduto che gli Illuminati fossero esclusivamente tedeschi. Un recente lavoro di Gustave Bord rivela i loro legami con il governo inglese: "Una cricca di tedeschi *devoti all'Inghilterra* aveva come complici impiegati di vari governi di tutto il mondo"[429].

Alla fine del regno di Luigi XVI, un gran numero di inglesi e tedeschi iniziò a frequentare le logge massoniche francesi, tra cui Lord Stanhope, uno dei leader della massoneria inglese. In breve, la coalizione anglo-prussiana aveva a disposizione la formidabile forza delle società segrete e dei loro leader. L'alleato del gabinetto britannico era il Gran Maestro della Massoneria francese, il Duca d'Orléans. Il palazzo reale pullulava di spie e Philippe Égalité non poteva fare nulla senza che il governo inglese ne fosse informato.

Ducher, un agente diplomatico, affermava nel 1793: "Per dieci anni il ministero britannico ha tenuto a pegno la setta degli economisti in Francia"[430].

Allo stesso tempo, era necessario poter contare sull'opinione pubblica; questo lavoro fu affidato ai circoli e ai giornali. La necessità di riforme era indubbiamente urgente; c'erano abusi da eliminare e i filosofi stavano già da tempo creando una mentalità rivoluzionaria. Ma l'azione dell'Inghilterra accentuò questo stato d'animo in tutta la Francia. I costituzionalisti, con ottime intenzioni, si trovarono a fare il gioco del sindacato internazionale preparando inconsapevolmente il rovesciamento della monarchia.

Abbiamo spiegato che il gruppo dei Gènevois, così in vista

---

[429] G. Bord: *Les Illuminés de Bavière* (Revue des Société secrètes).

[430] *Archivio del Ministero degli Esteri,* Londra; 587.

durante la Rivoluzione, fu mandato in pensione dal gabinetto di Londra. Anche i protestanti francesi subirono l'influenza inglese.

Il movimento per la libertà di stampa fu lanciato da David Williams; la Dichiarazione dei diritti dell'uomo fu opera di Thomas Paine; l'inventore della cuffietta rossa fu Robert Pigott. I club importati in Francia dall'Inghilterra lavoravano sull'opinione pubblica insieme alle società segrete. Dopo il club politico, fondato nel 1782, il club americano fu creato nel 1785 dal Duca d'Orléans. Anche diversi altri circoli iniziarono a discutere di questioni politiche. Questi circoli preoccuparono il governo e furono tutti chiusi nel 1787. La legge del 14 dicembre 1789 diede loro il diritto di riaprire, ma non avevano aspettato il permesso, poiché già a giugno, e forse prima, il famoso club bretone si riuniva a Versailles [431]. Sappiamo che in seguito divenne il Club dei Giacobini quando si trasferì nel convento di rue Saint-Honoré [432]. La polizia ignorò le riunioni del Club Breton? È probabile che abbia chiuso un occhio.

Dopo il Club Breton, vennero aperti un discreto numero di locali in cui il gioco d'azzardo era sostituito dalla politica, come il Club degli Stranieri, in rue de Chartres; il Club dei Coloni, fondato dagli americani; la Società Lazowski, creata successivamente dagli americani, e così via.

L'elemento inglese dominava il club *Friends of Blacks,* che svolgeva un ruolo abbastanza importante.

"Già nel dicembre 1790, il club dei Giacobini annoverava tra i suoi membri noti stranieri, molti dei quali non erano nemmeno

---

[431] Era già in contatto con tutti i reggimenti per incoraggiarli a disertare. Cfr. Aulard: *La Société des Jacobins*, t. I. Introduction, p. 20 ss.

[432] La porta d'ingresso esiste ancora, in rue Saint-Hyacinthe, 4, dietro il Marché Saint-Honoré.

domiciliati"[433]. Ai Cordeliers, un gran numero di svizzeri fraternizzò con Marat, tra cui Virchaux, Niquille, Roullier, d'Arbelay e Chaney[434].

La Società Costituzionale passò inosservata. Burke, nelle sue riflessioni sulla Rivoluzione francese, si stupisce che il riconoscimento dei nostri compatrioti sia andato solo alla "società della Rivoluzione" e non alla società costituzionale "che lavora da sette o otto anni nella stessa direzione" (1er novembre 1790).

Questa associazione inglese, che è stata ignorata dagli storici, si stava preparando alla Rivoluzione fin dal 1783.

La Friends of the People Society era interamente inglese, come il suo predecessore[435]. Lord Grey era uno dei suoi membri principali.

Il Cercle Social, invece, dove brillavano l'Abbé Fauchet e Nicola Bonneville, sembrava francese. Ma Anacharsis Cloots e Thomas Paine erano redattori del suo giornale, la *Bocca di Ferro*. *L'*obiettivo del Cercle Social era quello di centralizzare i massoni, eliminando tutti gli elementi reazionari. Il Cercle Social ammetteva le donne; Mme d'Aelders, agente del governo prussiano, ne era membro, insieme ad alcune donne eleganti che spaventavano gli austeri giacobini[436]. La proposta di Bonneville fu quindi respinta quando volle fondere il Cercle Social con il club giacobino[437]. Les Amis de la vérité erano un'emanazione del Cercle Social; Mme d'Aelders cercò di fondare

---

[433] Mathiez: *La rivoluzione e gli stranieri*, p. 42.

[434] Si veda l'elenco dei membri stranieri del Club dei Giacobini.

[435] Peyrat: *La Rivoluzione francese*, p. 146.

[436] È stato inaugurato nel circo del Palais-Royal.

[437] A. Jouet: *Club*.

contemporaneamente la società patriottica Les *Amies* de la vérité.

Anche il club dei nomofili, in rue Saint-Antoine, contava membri di entrambi i sessi; Théroigne de Méricour risplendeva brillantemente[438].

Molti stranieri frequentavano regolarmente il club Cordeliers, i più violenti di tutti: Rutledge, Dufourny, Desfieux, Dubuisson, Proly, ecc.

Il club rivoluzionario inglese, presieduto da Stone, ebbe un ruolo molto attivo nella Rivoluzione francese. Non è possibile trovare un elenco dei suoi membri, ma ecco i nomi degli inglesi che vi cenarono il 18 novembre 1792: Thomas Paine, il banchiere R. Smith, Rayment, Frost, Sayer, Joyce, H. Redhead, Yorke e R. Merry, marito dell'attrice Miss Brunton.

Il club rivoluzionario inglese era stato creato dalla Revolution Society, la cui sede era a Londra. I principali leader della Revolution Society erano Lord Stanhope, che si trova ovunque, e il dottor Price. Quest'ultimo, dopo le giornate d'ottobre, ringraziò Dio per averlo reso abbastanza vivo da vedere questi eventi. Burke racconta che ciò che eccitò l'entusiasmo della Società della Rivoluzione fu il grido: "I vescovi alla lanterna".

La corrispondenza della Revolution Society con i club francesi forma un volume piuttosto raro che reca la dicitura: "Strettamente proibito in Inghilterra". Contiene lettere di un gran numero di società giacobine, che ringraziano per i consigli ricevuti; in effetti, la Società Rivoluzionaria Inglese fu una costante fonte di ispirazione per le nostre assemblee; era in corrispondenza non solo con Parigi, ma con tutte le nostre principali città, che inviavano patrioti a Londra per incontrare Lord Stanhope. Già nel 1788, la Revolution Society aveva

---

[438] Isambert: *Vita a Parigi*, 1791-1792.

proclamato i principi immortali che i nostri rivoluzionari sostengono di aver inventato: libertà di coscienza, libertà di stampa, sovranità del popolo, diritto all'insurrezione, ecc.

Secondo la Duchesse de Brissac [439], la *Società di corrispondenza di Landre* era composta da seimila persone dirette da un comitato segreto di sei membri non nominati.

Alcuni salotti politici collaboravano con i club: quello di Mm de Condorcet, frequentato dagli inglesi e da Cloots, quelli di Mme François Robert, del banchiere Kornmann, e così via.[440]

Appena iniziata la Rivoluzione, la cospirazione internazionale si mise al lavoro per monopolizzare la stampa, il cui potere cominciava a farsi sentire. L'inglese Rutledge pubblicò il *Fortnight*. Il *Courrier de l'Europe* apparteneva al suo compatriota Swinton. La Società degli Amici Neri, corrotta dall'Inghilterra, pubblicava *l'Observateur*. Thomas Paine ispirò gli articoli di Brissot e scrisse La *Bouche de fer* con Anacharsis Cloots. *L'Union*, ispirato da Robespierre, apparve sia in inglese che in francese. Oswald fu uno dei fondatori della *Chronique du mois*. Nello stesso periodo, la corrispondenza diplomatica di Von der Goltz menziona l'invio a Berlino del *Journal National*, da lui sovvenzionato a Parigi[441]. Il prussiano Cloots ispirò gli articoli di Camille Desmoulins; l'austriaco Proly contribuì al *Cosmopolite*. Il milanese Gorani scrisse per il *Moniteur*. Il prussiano Z. Hourwitz contribuì a diversi giornali. Gli italiani Pio e Ceruti erano redattori della *Feuille Villageoise* e del *Journal de la Montagne*. Il principe Ch. de Hesse diresse il *Journal des hommes libres*. Il genovese Dumont contribuì a Le *Républicain*. Il suo concittadino Clavière pubblicò la *Chronique du mois* e

---

[439] Duchesse de Brissac: *Pages sombres*, p. 179.

[440] Sotto il Direttorio fu fondato il Cercle Constitutionnel, presieduto da Benjamin Constant, per combattere il Cercle de Clichy, di stampo realista.

[441] *Archivio degli Affari Esteri*, Berlino, v. 212.

scrisse per il *Courrier de Provence*. Il belga F. Robert fu redattore del *Mercure* e delle *Révolutions de Paris*. Vanno citati anche La Harpe, D^r Kœrner, Cotta (di Stoccarda), Dorsch (di Magonza), il savoiardo Dessaix, ecc. Il giornale Le *Creuset* era diretto da Rutledge; il genovese Dessonaz dirigeva la *Correspondance des Nations* con Grenus; Euloge Schneider dirigeva *l'Argus* in tedesco. A Parigi apparvero giornali inglesi rivoluzionari, tra cui il *Magazine of Paris* e il *Paris Mercury*. Il Club Helvétique pubblicò la *Correspondance générale Helvétique*. Rebmann pubblicò a Parigi *Die Schilwache* e *Die Geissel;* collaborò con il principe d'Assia al *Journal des Campagnes* e all'*Ami des lois*.

Parallelamente agli intrighi prussiani, gli agenti britannici lavoravano da tempo per screditare Maria Antonietta al fine di sciogliere l'intesa franco-austriaca.

L'ambasciatore Dorset, che godeva della fiducia della Regina, stava a sua volta fomentando la discordia alla Corte di Versailles. Dopo la vicenda della collana, Cagliostro fu ben accolto a Londra, dove non aveva lasciato una buona reputazione. Quando in seguito fu imprigionato per debiti, un inglese lo fece uscire di nuovo.

"Al segnale della convocazione degli Stati Generali, provocata surrettiziamente dai complici e dagli emissari del suo ministro, l'Inghilterra ci ha svelato la trama infernale che aveva ordito nell'ombra e nel silenzio"[442]. Un nugolo di agenti inglesi si era gradualmente insediato in Francia per dirigere il movimento preparato. Abbiamo citato la lettera che stabilisce l'esistenza di comitati in quattordici città. Ma, naturalmente, era soprattutto a Parigi che erano attivi. Barère scrisse in uno dei suoi rapporti: "Gli inglesi hanno da Dunkerque a Bayonne e da Bergues a Strasburgo corruttori e intelligenze segrete nelle

---

[442] *Archives des Affaires étrangères*, Inghilterra, supplemento, v. 15. Rapporto di Durban al Direttorio.

guarnigioni".

Pochi giorni dopo la presa della Bastiglia, Dorset si affrettò in modo singolare a informare M. de Montmorin di un presunto complotto di aristocratici per consegnare Brest agli inglesi. Non poteva fare i nomi dei colpevoli per un'ottima ragione: il complotto non esisteva. Ma apparve, o finse di apparire, più sincero quando negò ogni responsabilità per i nostri problemi iniziali. Inoltre, il modo in cui il governo britannico si discolpò non rischiava di alimentare i nostri sospetti piuttosto che dissiparli: il re d'Inghilterra protesta di non avere nulla a che fare con i disordini di Parigi; Grenville lo ripete con insistenza[443]. L'ambasciatore Dorset, non contento di affermare ciò a Luigi XVI, scrisse due lettere al presidente dell'Assemblea Nazionale per discolparsi. Va detto che le apparenze erano contro di lui. Ma questa volta il gabinetto di Londra capì che Dorset stava esagerando e lo rimproverò per aver scritto al presidente dell'Assemblea.

Lo storico inglese Holland Rose ha scoperto una prova della sincerità del suo governo: è che nessuna delle lettere di Re Giorgio ai suoi ministri o ambasciatori accenna alla Rivoluzione francese. Chi vuole dimostrare troppo non dimostra nulla: chi può credere che un evento di tale importanza sia passato inosservato a Londra? Al contrario, i nostri agenti diplomatici affermano che il Re d'Inghilterra "non smette mai di parlare della Rivoluzione". Possiamo supporre che non ne parli ai suoi ministri e all'ambasciatore? Tuttavia, poiché la diplomazia britannica è sempre rimasta nelle mani di uomini di carriera, i suoi segreti non sono stati divulgati da demagoghi e parvenus. All'ipotesi del complotto anglo-prussiano si può muovere un'obiezione: le prove dovrebbero essere trovate negli archivi di Londra. Una frase del *Mémorial de Sainte-Hélène*[444] risponde a questa

---

[443] *Archivio del Ministero degli Esteri*, Londra, v. 578.

[444] V. IV, p. 262.

obiezione: "Tutti gli agenti politici inglesi sono in grado di fare due rapporti sullo stesso argomento, uno pubblico e falso per gli archivi ministeriali, l'altro riservato e vero per i soli ministri".

Una volta Pitt disse a Lord Stanhope: "Qualunque cosa abbiamo da spendere, non dobbiamo risparmiare nulla per accendere la guerra civile in Francia"[445].

Abbiamo già citato l'ammissione di Lord Grenville. Lord Mansfield osò anche dire al Parlamento che il denaro speso per fomentare l'insurrezione in Francia sarebbe stato denaro ben speso[446]. Il Duca di Bedford ammise in seguito alla Camera dei Lord [447] : "I nostri sforzi hanno contribuito notevolmente all'instaurazione del regime del Terrore in Francia, e il nostro ministero ha avuto una grande parte nelle disgrazie che lo hanno colpito"[448].

M. de Montmorin scrisse con molto buon senso all'inizio della Rivoluzione: "I problemi che agitano il regno attirano l'attenzione di tutte le potenze, e la maggior parte di esse li vede con una gioia segreta... Tra queste potenze dobbiamo distinguere la Gran Bretagna... Sappiamo che il desiderio di indebolire la Francia è la prima bile della politica".

Montmorin ammise di non poter trovare prove precise, perché, disse, il 13 agosto "la polizia non esisteva più. Ma ciò che è certo è che il denaro è stato sparso con la massima profusione

---

[445] HAMEL: *Storia di Saint-Just*, p. 422.

[446] Sorel: *L'Europe et la Révolution*, vol. III, p. 462.

[447] 27 gennaio 1795.

[448] Va da sé che le azioni dei ministri inglesi di centotrenta anni fa non possono diminuire il debito di gratitudine contratto dalla Francia nel 1914 nei confronti della grande nazione che venne in nostro aiuto per respingere l'invasione dei barbari da oltre il Reno.

tra i soldati e il popolo"[449].

M. de La Luzerne rispose a Montmorin che i nostri primi problemi erano molto probabilmente fomentati dal Dorset.

Le prime scintille della nostra Rivoluzione", disse Napoleone Ier, "e tutti gli orribili crimini che seguirono, furono opera di Pitt... I posteri lo riconosceranno... Quest'uomo, tanto lodato ai suoi tempi, un giorno non sarà altro che il genio del male"[450].

Le Giornate d'Ottobre furono indubbiamente organizzate dal governo inglese con l'aiuto del Duca d'Orléans. La corrispondenza diplomatica lo conferma, così come i resoconti contemporanei. Dopo queste giornate, Lafayette fece inviare il Duca d'Orléans in missione in Inghilterra. L'idea non era forse molto felice, poiché il principe sembrava cospirare con l'aiuto di quel Paese; ma soprattutto la corte voleva allontanarlo da Parigi. Philippe-Égalité fu incaricato di cercare a Londra gli autori dei problemi, un compito che non doveva essere molto difficile per lui. - Lafayette gli disse: "Voi siete più interessato di chiunque altro, perché nessuno è coinvolto come voi"[451]. Lafayette suggerì poi al Principe che se si fosse rifiutato di andare a Londra avrebbe potuto essere arrestato.

Al nostro ambasciatore a Londra, M. de la Luzerne, fu chiesto di tenere d'occhio il Duca d'Orléans. I ministri inglesi gli fecero notare che il Principe "lasciava la Francia più per necessità che per sua volontà".

M. de La Luzerne protestò contro una simile idea con la stessa sicurezza del ministro inglese quando affermava di essere estraneo ai nostri problemi. Per dirla con le parole di

---

[449] *Archivio del Foreign Office,* Londra, v. 570.

[450] *Memoriale di Sant'Elena,* v. VII, p. 218.

[451] Louis Blanc, t. III, p. 250.

Beaumarchais: "Chi viene ingannato qui?

La Luzerne scrisse il 30 novembre: "Sto cercando di scoprire se, invece di parlare con i ministri inglesi degli affari dei Paesi Bassi, il Duca d'Orléans non stia cospirando con loro per fomentare nuovi problemi in Francia... Ma il Re e il signor Pitt hanno una così bassa opinione del Duca d'Orléans, lo ritengono così inadatto a essere il capo di un partito, che non mescoleranno i loro affari con i suoi. Non so dirvi quanto l'arrivo di questo principe abbia dato agli inglesi di tutte le classi una cattiva opinione di lui...

"Il duca d'Orléans non mi parla mai delle sue visite ai ministri inglesi, che so essere molto frequenti"[452].

Qualche mese dopo il Principe, annoiato a Londra, chiese di tornare a Parigi, a meno che non fosse nominato ambasciatore al posto di La Luzerne. Questa insinuazione non ebbe successo.

Per l'anniversario del 14 luglio, il governo inglese prevedeva gravi disordini e il principe di Galles esortò il duca d'Orléans a tornare a Parigi per partecipare a[453].

Nel denunciare i piani del Duca d'Orléans all'Assemblea, Ribes, deputato per i Pyrénées-Orientales, sostenne che il Principe aveva concluso il seguente accordo: avrebbe abbandonato le nostre colonie all'Inghilterra in cambio dell'appoggio del governo britannico, che lo avrebbe spinto al trono[454]. Ribes sottolineò i frequenti viaggi di Talleyrand e Philippe Égalité a Londra e gli articoli di giornale pagati dalla Société des Amis des Noirs. Ma il Duca d'Orléans fu difeso da

---

[452] *Archivio del Foreign Office,* Londra, v. 571 e 572.

[453] *Archivio degli affari esteri,* Londra 573 e 574.

[454] Pallain: *Missione di Talleyrand a Londra,* p. 345 e 346.

Robespierre, Danton, Marat e dai Cordeliers[455]. I malintenzionati ipotizzarono con una certa probabilità che il sostegno di questi personaggi non fosse disinteressato.

Dopo la fuga da Varennes, Fox dichiarò che era giunto il momento di abolire la regalità in Francia[456]. Nel settembre 1791, Mercy Argenteau disse al nostro ambasciatore che l'Inghilterra aveva fomentato i nostri primi disordini e che avrebbe continuato fino alla rovina totale[457]. Worontzof era irritato dalla cecità di Russia e Spagna "che non vedono le attività dell'Inghilterra in Francia" [458]. E il nostro ambasciatore a Londra scrisse: "L'Inghilterra non ha più nulla da temere dalla Francia e può senza timore arrogarsi la supremazia nei due Mondi".

La candidatura al trono del Duca di York cominciò ad essere timidamente discussa a Parigi.

Secondogenito del re d'Inghilterra, il duca di York aveva sposato una principessa di Prussia e questo matrimonio, dice M. Aulard, "lo aveva reso simpatico ai patrioti"[459]. Il comitato segreto dei giacobini, su proposta di Manuel e Thuriot, decise nel 1792 di sostituire Luigi XVI con il Duca di York, il Duca di Brunswick o Philippe Égalité[460]. Carra sostenne la candidatura del Duca di York al Club dei Giacobini[461].

L'anno successivo, il generale Wimpffen, deputato di Caen,

---

[455] Memorie di Bouillé. Memorie di Louvet.

[456] E. Champion: *L'esprit de la Révolution Française,* pag. 200.

[457] *Archivio del Ministero degli Esteri,* Londra, 578.

[458] *Id.* v. 579.

[459] AULARD: *Histoire politique de la Révolution. Française,* p. 254.

[460] G. Bord: *Autour du Temple,* t. I, p. 191 e 578.

[461] *Archives nationales,* A. F'', 45, reg. 355.

propose nuovamente di chiedere all'Inghilterra un re[462]. Un distaccamento della guarnigione di Valenciennes diffuse la voce che il Duca di York, che solo poteva rendere felice la Francia, doveva essere portato sul trono. Nelle tasche dei soldati fu trovato del denaro inglese.

Montgaillard affermava di essere stato incaricato da Robespierre di negoziare con il Duca di York. Nelle memorie di Garat si legge: "I giacobini, che sembrano guidare la Francia, sono guidati dai Cordeliers; i Cordeliers si preparano a versare fiumi di sangue per far emergere un nuovo trono (il Duca di York)".

Una lettera di Noël, il nostro agente diplomatico a Londra, calmò l'entusiasmo dei sostenitori del Principe inglese. Alcuni", scriveva, "sembravano convinti che si stesse pensando seriamente di offrire la corona al Duca di Brunswick. Non conosco le intenzioni dell'Assemblea e del Consiglio. Ma, se la Francia non è disgustata dai re, credo sia mio dovere dirvi ciò che ho appreso sul Duca di York, del quale sapete che alcuni giornali francesi hanno parlato allo stesso modo. Feroce fino al punto di picchiare a morte i soldati con i bastoni, assetato di sangue, senza talento, senza spirito, ubriaco ogni giorno, l'orrore e il disprezzo della nazione inglese, non ha mai mostrato alcuna inclinazione onesta o umana, e la cattiva salute del Principe di Galles ci fa intravedere con terrore il momento in cui un uomo del genere sarà re".[463]

I sostenitori del Duca di York si schierarono presto a favore della candidatura del Duca di Brunswick, che fu sconfitta dalla fazione degli Orléans.

Il cattivo raccolto e la carenza di cibo furono sfruttati dai

---

[462] Aulard: *Histoire politique* de *la Révolution Française*, p. 897.

[463] *Archivio del Ministero degli Esteri*, Londra, v. 582.

leader della Rivoluzione per fomentare il popolo. Il governo inglese approfittò della situazione per effettuare ingenti acquisti di grano e farina in Francia, aggravando così la situazione[464].

Nel suo discorso dell'8 Termidoro, Robespierre disse alla Convenzione che "la carestia è il risultato delle azioni dell'Inghilterra"[465].

Il rapporto di Cambon al comitato Salut Public accusava anche gli stranieri di essere responsabili della crisi e attribuiva il calo degli assignat alle azioni di Pitt[466].

Nelle giornate del 20 giugno e del 10 agosto, quando si stavano formando i gruppi armati, gli agenti del Ministero inglese erano sparsi in giro per sobillarli[467].

Vale la pena notare che Lord Gower aveva già annunciato a Londra, il 4 agosto, che le Tuileries sarebbero state presto attaccate. Lord Grenville rispose: "Esprimi al Re i nostri sentimenti di amicizia e buona volontà, ma *niente di scritto*". Il gabinetto di Londra era ovviamente neutrale.

Secondo M. de Montmorin, quasi tutti coloro che si sono introdotti alle Tuileries il 20 giugno erano stranieri.

Diversi inglesi inviarono denaro alle vedove dei patrioti uccisi il 10 agosto[468] ; altri inviarono denaro ai rivoltosi feriti durante

---

[464] Su questo argomento si vedano le Memorie del portabandiera Orson, pubblicate da F. CASTANIÉ.

[465] Discorsi e relazioni di Robespierre, p. 420.

[466] MATHIEZ: *La Révolution et les étrangers*, p. 136.

[467] Biré: *Journal d'un bourgeois de Paris*.

[468] *Recueil de Tuetey*, t. IV, 2911 e 2950.

l'insurrezione.

I massacri di settembre non furono, scrive Lindet, il risultato di un movimento popolare: "Tutto era stato ordinato"[469]. (Danton e Camille Desmoulins avevano annunciato i massacri prima che iniziassero.

In quei giorni terribili, due inglesi in giacca e cravatta versarono bicchieri di vino agli assassini, dicendo loro: "Siate forti e coraggiosi"[470].

Il salario del massacratore era di un luigi al giorno; alcuni ricevevano ventiquattro franchi.

Questi massacri, maldestri e crudeli, non potevano che nuocere alla causa rivoluzionaria. Se, dunque, il sindacato straniero è stato davvero l'istigatore, l'unica spiegazione plausibile ci sembra la seguente: voleva screditare gli uomini che cominciavano a diventare troppo potenti, e allo stesso tempo far rivoltare i moderati contro i giacobini.

Il re d'Inghilterra era ovviamente combattuto tra due sentimenti: voleva che la monarchia francese cadesse, ma temeva il contagio delle idee rivoluzionarie. In ogni caso, probabilmente non voleva che Luigi XVI morisse.

Ma Pitt fu spietato: durante le trattative segrete con la Convenzione, Danton si dichiarò pronto a salvare il re in cambio di un milione da distribuire abilmente tra i suoi colleghi; Théodore Lameth passò la proposta a Pitt, che rifiutò[471]. La

---

[469] Madelin: *La Rivoluzione francese*, p. 260

[470] Documenti del marchese Garnier. Dichiarazione del cittadino Jourdan, ex presidente del distretto dei Petits-Augustins. Memorie di Montgaillard. Raccolta di memorie sulla Rivoluzione francese.

[471] Lord Acton: *Lezioni sulla Rivoluzione francese*. Holland Rose: *Pitt*, p. 94.

sentenza fu emessa prima che i monarchici avessero il tempo di raccogliere altrove la somma richiesta. È impossibile sapere se William Pitt tenne segreta la proposta o la comunicò al suo sovrano.

Talon, ex luogotenente criminale dello Châtelet, fece la seguente dichiarazione a Charles Lameth[472] : "Pitt vuole la morte del Re di Francia. Nulla di ciò che ho potuto esprimere lo ha smosso o scosso. Danton garantisce la salvezza di Luigi XVI se l'Inghilterra è disposta ad aggiungere due milioni a quanto il cavaliere Ocariz può disporre [473]... Pitt vuole in Francia la controparte di Carlo Ier ".

Talon ripeté questa testimonianza davanti al tribunale consolare: Pitt e le potenze straniere si rifiutarono di fare i sacrifici finanziari richiesti da Danton per salvare il re.

Quando Talon distribuisce i fondi segreti della monarchia, prende Danton al suo servizio; il famoso tribuno gli dà un passaporto per emigrare[474].

L'irlandese Thomas Whaley, che viaggiò in Francia durante la Rivoluzione, racconta nelle sue memorie il seguente aneddoto:

"Il 21 gennaio, alcuni miei compatrioti entrarono nel caffè e, con aria perfettamente soddisfatta, mi mostrarono i loro fazzoletti che avevano ottenuto il permesso di intingere nel sangue del Re.

Il Duca d'Orléans aveva formalmente promesso alla signora

---

[472] G. Rouanet: *Danton e la morte di Luigi XVI* (Annales révolutionnaires, gennaio-febbraio 1916).

[473] Ministro della Spagna.

[474] MATHIEZ: *Danton et la mort du Roi* (Annales révolutionnaires, giugno 1922, p. 235-236).

Dalrymple Elliot di non votare per la morte di Luigi XVI[475]. È probabile che sia stato costretto a farlo dalla Massoneria; la vergogna e il rimorso che ne provò sembrano essere stati la causa delle sue dimissioni da Gran Maestro. Lasciando la setta, Philippe Égalité perse tutta la sua influenza e fu messo in disparte fino a quando non fu processato e ghigliottinato.

La monarchia borbonica era stata distrutta; l'Inghilterra aveva vinto la prima parte. Burke trasse la seguente conclusione dagli eventi: "I francesi hanno rovesciato la loro monarchia, la loro chiesa, la loro nobiltà, le loro leggi, il loro esercito, la loro marina, il loro commercio... Hanno fatto i nostri affari meglio di venti Ramillies"[476].

Dopo la caduta del trono di Luigi XVI, il governo inglese non rimase inattivo. Il seguente documento sequestrato dalla polizia francese ne è la prova:

"Il re di Francia è morto; cosa ci importa? Il nostro unico obiettivo è quello di ridurre la Francia, di distruggerla, in modo che non sia più un punto di equilibrio politico...

"Dobbiamo far nascere diversi partiti, guidarli tutti, organizzare l'anarchia, ecc...".

Ma la morte di Luigi XVI segnò un'inversione di rotta nel piano del sindacato straniero. L'obiettivo originario della Rivoluzione era stato raggiunto; il fuoco acceso a Parigi minacciava ora di diffondersi in tutta Europa. Alla notizia dell'arresto di Luigi XVI a Varennes, il re di Prussia aveva già esclamato: "Che esempio terribile!"[477]. In Inghilterra, i club rivoluzionari si stavano modellando sui nostri; era imprudente

---

[475] Memorie della signora Dalrymple Elliot, pag. 37.

[476] STANHOPE; *William Pitt.*

[477] *Archivio degli Affari Esteri,* Berlino, v. 212.

incoraggiare nuove idee. Inoltre, gli eserciti della Convenzione si stavano rivelando molto più formidabili di quanto l'Europa avesse previsto; eppure i nostri principali generali erano stati proscritti, Lafayette, Dillon, Dumouriez, Custine, Biron, Montesquieu, Valence, Houchard, Miaczinki, e così via.

Da quel momento in poi, la politica dell'Inghilterra tende a diminuire la forza del partito repubblicano; di conseguenza, viene dato l'ordine di favorire non le trame giacobine, ma quelle realiste e le insurrezioni dei Chouan e dei Vandeani. Per lo stesso scopo, il gabinetto di Londra inviò a Lione quattro milioni di euro.

Secondo Barbaroux, il piano di Pitt era di ripristinare la monarchia nel nord, lasciando il sud della Francia come repubblica. Egli avrebbe poi aiutato la repubblica del sud a combattere la monarchia del nord[478].

Tra gli sforzi da incoraggiare c'era ovviamente la cospirazione di Jean de Batz. Le somme spese da questo straordinario personaggio sembrano troppo ingenti per provenire unicamente dalla sua fortuna personale e, al momento della morte di Luigi XVI, le casse realiste non erano molto ben fornite. Poiché i banchieri inglesi Boyd e Kerr erano tra gli agenti di Jean de Batz, è lecito supporre che fossero gli intermediari degli anticipi fatti dal governo britannico per combattere la Convenzione. Ecco, secondo gli archivi nazionali[479], l'elenco dei principali agenti del famoso cospiratore:

Proli.

Pereira.

Desfieux, commerciante di vini.

---

[478] *Archivio nazionale*, A. F" 45.

[479] *Id. a* F. 7, 4774, 67.

Dufourny de Villiers, amministratore di poudres et salpêtres.
Gusman.
Guyot Desherbiers, giudice del Tribunale civile.
Lullier, pubblico ministero.
Noël, Commissario.
Varlet, Fournerot, Chapelle, apache.
Burlandeux, poliziotto.
Frei, banchiere ebreo.
Misuratore, broker di borsa.
Benoist.
Boyd.
Kerr.
Dulac,
Dossonville,   } agenti di polizia.
Marino,
Pericoloso,
Soulès,
Freddezza,

Il gabinetto di Vienna sembra aver avuto esattamente lo stesso piano di Jean de Batz. Le confidenze di Hefflinger e la corrispondenza di Jeanneret, l'agente diplomatico, lo confermano[480].

Una volta al potere, i leader della Rivoluzione sembrarono sorpresi dal loro successo e mostrarono subito un grande disordine. Nelle parole di Joseph de Maistre, essi non guidarono gli eventi, ma furono guidati da essi. "C'è qualcosa di passivo e

---

[480] Si veda il capitolo X.

meccanico nelle figure apparentemente più attive della Rivoluzione. Uomini mediocri come Robespierre, Collot d'Herbois o Billaut Varennes erano i più stupiti del loro potere"[481].

Non è sempre la mano invisibile quella che abbiamo indicato?

Con il governo rivoluzionario sulla via della bancarotta, i ministri inglesi fecero allestire fabbriche di assignat contraffatti per scatenare il panico finanziario. Questo fatto, riferito dai nostri agenti diplomatici[482], fu denunciato da Sheridan alla Camera dei Comuni (seduta del 18 marzo 1793).

La diplomazia di Pitt aveva armato la maggior parte delle potenze europee contro la Francia, pur osservando un'apparente neutralità: questo era agire abilmente. - Ma dopo l'esecuzione di Luigi XVI, il governo britannico fece consegnare i passaporti al nostro ambasciatore. La Convenzione esitò in un primo momento a rispondere a questo insulto con una dichiarazione di guerra. Poi, se si crede a Maret (il futuro Duca di Bassano), alcuni uomini di alto rango, dopo aver giocato fino in fondo la partita, ruppero definitivamente con l'Inghilterra[483].

Allo scoppio delle ostilità, gli inglesi residenti in Francia si stavano preparando a partire, quando il Ministero britannico li invitò a rimanere sul continente, a meno che non venisse concesso un permesso speciale: erano troppo utili! I convenzionalisti erano talmente in mano all'Inghilterra che all'inizio non si opposero. Ma le denunce contro gli inglesi e contro i membri del governo da loro corrotti furono così numerose che divenne difficile chiudere un occhio: il 19 ottobre

---

[481] J. de Maistre: *Considerazioni sulla Francia,* p. 10.

[482] *Archivio del Foreign Office,* Londra, supplemento, v. 15. Relazione sul messaggio del Gabinetto britannico.

[483] Corrispondenza di W. A. Miles, pag. 86.

1793, la Convenzione votò per l'arresto di tutti gli stranieri i cui governi erano in guerra con la Francia.

Robespierre chiese comunque di fare delle eccezioni in quanto "un certo numero di loro ricopriva con onore le cariche pubbliche"[484].

Questo decreto rese molto più difficile il compito del sindacato anglo-prussiano. Ma alcuni bravi agenti segreti poterono continuare a fare favori ai politici francesi.

Le azioni della Prussia sembrano essere passate inosservate a Parigi; inoltre, Ephraim e Cloots non erano stati sostituiti. D'altra parte, Barère e Camille Desmoulins denunciarono ripetutamente l'Inghilterra: nel suo rapporto del 6 marzo 1793, Barère ribadì che Pitt aveva corrotto le rivolte in Francia; aggiunse che non voleva fare ulteriori rivelazioni[485]. Questo non era un mistero per nessuno. Garnier propose quindi alla Convenzione di decretare che tutti avevano il diritto di assassinare Pitt. Ma l'Assemblea si accontentò di decretare che Pitt era "nemico della razza umana" [486]. Il ministro inglese non sembra essersi mosso diversamente.

Prima della proscrizione degli stranieri, otto o dieci inglesi "collaborarono con i giacobini e li guidarono"[487].

Era una questione di voto? Così pochi elettori osarono recarsi alle urne che i voti furono facilmente modificati. I moderati non parteciparono al voto; così, la percentuale di astensioni nell'elezione del Consiglio generale della Comune di Parigi fu

---

[484] Hamel: *Histoire de Robespierre*, t. III, p. 189.

[485] Cfr. tra gli altri: BLIARD: *Les Conventionnels régicides*, pag. 143 e segg.

[486] Buchez e Roux: *Histoire parlementaire*, tome XXXVIII. *Moniteur* du 9 août 1793.

[487] Documenti di Lord Auckland, 4 settembre 1792.

del 95%. Il numero dei votanti nell'elezione del sindaco di Parigi è stato del 71,5%. In queste condizioni, i voti non costano molto. Per quanto riguarda il pubblico delle gallerie, che rappresenta l'opinione del popolo, abbiamo fornito le cifre dei loro stipendi.

Non siamo riusciti a scoprire che fine fecero gli otto o dieci inglesi citati da Lord Auckland dopo il decreto contro gli stranieri. L'unico di cui è stato ammesso il nome è Auguste Rose, riportato come uno dei "dieci sorveglianti della Convenzione"[488].

È probabile che Fox fosse in costante contatto con i giacobini. Ad esempio, quando la signora Elliot, amica di Philippe Égalité, fu arrestata, il Tribunale rivoluzionario la accusò di essere in corrispondenza con Fox. Lei rispose: "Il signor Fox non è forse un amico del Comitato di Sorveglianza?"[489].

Nell'atto d'accusa degli hebertisti si legge: "Il governo inglese e le potenze coalizzate sono i capi di questa cospirazione[490].

Un rapporto di Barère afferma che "gli inglesi hanno, da Dunkerque a Bayonne e da Bergues a Strasburgo, corruttori e agenti segreti nelle guarnigioni"[491].

Robespierre combatté incessantemente contro l'Inghilterra, denunciando le azioni di Pitt e proscrivendo indiscriminatamente tutti i cittadini sospettati di aver stretto patti con gli stranieri. Stava diventando troppo potente e fastidioso; la coalizione anglo-tedesca cercò di rovesciarlo e incoraggiò il movimento reazionario del 9 Termidoro. Fu l'inglese A. Rose a portare

---

[488] ALGER: *Gli inglesi nella Rivoluzione francese*, p. 195 ss.

[489] Memorie del signor[me] Dalrymple Elliot, p. 127. Duchesse de Brissac: *pagine scure*.

[490] Buchez et Roux, t. XXXI, p. 364.

[491] Buchez et Roux, t. XXXIII, p. 118.

Robespierre prigioniero al Comité de Salut Public.

La mano dello straniero si ritrova ancora nei disordini noti come Terrore Bianco. Indubbiamente un certo numero di realisti voleva vendicare i propri parenti e amici che erano stati ghigliottinati, ma in molti luoghi i rivoltosi erano gli stessi rivoluzionari che prima massacravano i realisti in nome della repubblica e che ora massacravano i repubblicani, sostenendo di essere termidoriani[492]. Senza dubbio avevano un motivo per agire in questo modo; non è forse naturale supporre che questo motivo non fosse altro che il solito stipendio dei rivoltosi?

Dopo le vittorie degli eserciti repubblicani, l'emigrazione aveva riposto le sue speranze nelle cospirazioni ordite dagli agenti, "la maggior parte dei quali è pagata profumatamente con fondi inglesi"[493].

Quando, alla morte di Luigi XVII, gli emigrati proclamarono re il Conte di Provenza (24 giugno 1795), William Pitt gli inviò un ambasciatore segreto, Lord Macartney. Si dice che l'appoggio del gabinetto britannico fosse stato offerto nel 1789 al Duca d'Orléans in cambio delle nostre colonie; fu offerto nel 1796 al Conte di Provenza, sempre in cambio delle nostre colonie, e anche a condizione di una rettifica dei confini nei Paesi Bassi. Luigi XVIII si indignò e si affrettò a pubblicare la dichiarazione di Verona per stroncare gli intrighi di Pitt. La sua rettitudine lo privò di un potente aiuto. Come osservò Hyde de Neuville, il gioco del governo britannico consisteva nel "tenere in scacco la Repubblica, mantenendo la resistenza quanto basta per prolungarla, ma non aiutandola in modo abbastanza efficace da renderla vittoriosa"[494].

---

[492] Cfr. Buchez e Roux: *Histoire parlementaire*, t. XXXVI, p. 411.

[493] Trudeau Dangin: *realisti e repubblicani*.

[494] Memorie di Hyde de Neuville, p. 242.

Nel 1795, gli agenti del gabinetto di Londra si vantarono di poter disporre degli anarchici, organizzare "giornate" e trarne profitto[495]. Poiché non sempre erano d'accordo con gli agenti dei principi, che li ostacolavano e talvolta li denunciavano, il governo inglese si vendicò su di loro in Bretagna.

Nei ricordi di un emigrato (Comte de Coetlogon) pubblicati recentemente dalla *Revue hebdomadaire*[496], si legge: "Vedevo chiaramente che l'Inghilterra e gli altri re d'Europa volevano solo prolungare i problemi della Francia e aspettare il momento favorevole in cui le sue convulsioni l'avrebbero indebolita, per poterla smembrare più facilmente".

Per tutta la durata della Rivoluzione, gli emigrati sono stati i burattini dell'Inghilterra. Non ho avuto difficoltà", ha detto Hoche, "a convincere Cormatin che i Chouan, i Vandeani e gli emigrati erano stati giocati dalla coalizione e in particolare dall'Inghilterra"[497].

Vaudreuil cercò invano di far aprire gli occhi al conte di Artois: "Vi vedo", scrisse al principe, "ancora ingannato dalle assicurazioni di Pitt, e questo mi angoscia. Non posso credere nell'aiuto dell'uomo più interessato alla nostra perdita e che continuo a ritenere il principale artefice di essa"[498].

La deplorevole inerzia dei Principi mentre i loro partigiani venivano uccisi in Bretagna e in Vandea è stata criticata con qualche ragione. Ma bisogna ammettere che l'Inghilterra è stata la principale responsabile.

---

[495] Sorel: *L'Europe et la Révolution Française,* vol. IV, p. 350.

[496] 12 agosto 1922, pag. 225.

[497] H. WELSCHINGER: *Le Baron de Cormatin,* p. 44.

[498] Corrispondenza da Vaudreuil, 3 luglio 1790.

A volte il gabinetto di Londra si opponeva francamente allo sbarco del conte di Provenza e del conte di Artois sulle coste francesi, a volte trovava pretesti per ritardare l'operazione di settimana in settimana. Di volta in volta, riteneva la vita del pretendente troppo preziosa per esporla in Bretagna. Quindi, dopo aver promesso un esercito, si limitò a inviare falsi assignat in Vandea.

Napoleone Ier espresse la seguente opinione al riguardo: "Se la politica inglese avesse permesso a un principe francese di prendere il controllo della Vandea, sarebbe stata la fine del Direttorio"[499].

Inoltre, da una confessione fatta da Napoleone al generale d'Andigné (il 27 dicembre 1799), risulta che in questo caso avrebbe ripristinato la regalità: "se i principi fossero stati in Vandea, avrei lavorato per loro"[500].

La mia inattività", scriveva il conte di Provenza al duca di Harcourt, "dà ai miei nemici l'opportunità di calunniarmi. Mi espone persino a giudizi sfavorevoli da parte di coloro che mi sono rimasti fedeli, giudizi che non posso definire avventati, poiché coloro che li formulano non sono istruiti nella verità"[501].

Il signor Gautherot, in un'interessante opera sull'*epopea vandeana*, fornisce dettagli precisi sulla doppiezza del governo inglese nei confronti dei realisti francesi. In certi periodi, ai piloti fu vietato, pena la morte, di portare in Francia gli emigranti che volevano unirsi ai vandeani.

Da parte sua, anche l'Austria cercò di ostacolare gli sforzi di

---

[499] Memoriale di Sainte-Hélène. Memorie di Hyde de Neuville, p. 234.

[500] H. WELSCHINGER: *Le Baron de Cormatin*, p. 32.

[501] L. Sciout: *Le Directoire*, t. I, p. 332 e segg. Si veda anche la corrispondenza diplomatica pubblicata alla fine di questo volume (Pièces justificatives, p. 276).

Luigi XVIII: quando il pretendente si mise alla testa degli emigrati, la corte di Vienna lo informò che se non avesse lasciato immediatamente l'esercito, sarebbero state prese misure per costringerlo a farlo[502].

Lord Grenville disse al conte Stadion:

"Diamo a tutti i partiti francesi speranze che non ci impegnano in nulla, per mantenere e fomentare disordini interni".

Sotto il Direttorio, l'agente inglese Wickham accentrò a Basilea la corrispondenza con i realisti di tutta la Francia. Li aiutava nelle loro trame, contando su molto zelo e denaro per portare i membri del governo al partito monarchico[503]. Ma a volte pensava di averli comprati, e capitava che intermediari sospetti intascassero l'oro inglese e non ricomparissero.

Il Direttorio riuscì a far espellere Wickham dalla Svizzera nel 1797, ma Talbot lo sostituì presto. Un credito di 1.250.000 franchi, aperto da Wickham ai cospiratori realisti, non era stato toccato, con grande stupore dell'Inghilterra. A Talbot fu ordinato di tenere un milione a loro disposizione. Tuttavia, Poteratz, l'agente diplomatico a Basilea, continuò a sottolineare la subdola condotta dell'Inghilterra nei confronti degli emigranti "che ha sostenuto finché le sono sembrati utili ai suoi disegni e che ha sacrificato a Quiberon e in Germania"[504].

Abbiamo già richiamato l'attenzione sulla relazione segreta tra l'Angle terre e la nostra diplomazia. Dopo Duroveray, la spia Baldwin entrò ufficialmente nel Ministero degli Esteri nel 1791. La nomina di Reinhardt al Direttorio fu un'ulteriore prova dell'"ascendente della corte di Londra sulla direzione della nostra

---

[502] E. DAUDET: *Les Bourbons et la Russie pendant l'émigration*, p. 62.

[503] Lebon: *L'Angleterre et l'émigration*, Prefazione, p. 25.

[504] *Archivio degli Affari Esteri*, Vienna, v. 365.

diplomazia"[505]. Reinhardt, figlio di un pastore tedesco, era un uomo di talento.

Alla fine del 1796, il governo britannico consigliò ai vandeani e ai bretoni di tacere perché si stava preparando a tenere le elezioni in Francia comprando l'elettorato[506]. Ma quando il complotto di Brottier fu scoperto, gli agenti britannici consigliarono al loro governo di attendere l'evolversi degli eventi.

I cambiamenti apportati ai piani del gabinetto di Londra sotto il Direttorio non impedirono di esercitare l'influenza inglese a Parigi con lo stesso successo che aveva avuto sotto la Convenzione. In un'occasione, W. Pitt fu segretamente informato che "Talleyrand sarà in grado di soddisfare l'Inghilterra se verrà pagata una somma sufficiente a Barras, Rewbell e alla loro cricca"[507]. In un'altra occasione, fu Barras a essere avvertito del tradimento di un membro del governo. "I piani e le istruzioni del Direttorio venivano regolarmente comunicati a Pitt"[508]. Thauvenay, agente e amico del conte di Provenza, informò d'Avaray che Lord Fitz-Gerald aveva una corrispondenza criminale con il Direttorio via Amburgo. -

Nonostante le leggi contro gli stranieri, gli agenti inglesi continuarono a pullulare a Parigi. Ad esempio, durante la famosa evasione di Sidney Smith nel 1798, il falso ordine di rilascio del Ministero della Marina fu portato in prigione dallo scozzese

---

[505] *Journal des hommes libres*. P. Masson: *Le département des Affaires étrangères pendant la Révolution*, p. 435.

[506] Lebon: *L'Angleterre et l'émigration*, p. 215.

[507] Holland Rose: *William Pitt*, p. 325.

[508] *Mémoires de Barras*, t. II. (Queste memorie sono sospettate da alcuni autori di essere apocrife e le citiamo con riserva).

Keith, di Harris House, incaricato da Boyd[509].

All'inizio del Consolato, a Parigi c'erano più di cinquemila inglesi, tra cui Fox, Rolland, Fitz-Gerald e Spencer. Con la riapertura delle logge massoniche, a poco a poco gli inglesi cominciarono ad affluire. La sola loggia di Douai contava un centinaio di soggetti britannici[510].

Il signor L. Madelin, in un'interessante conferenza su Fouché[511], ha recentemente menzionato una rete di agenzie inglesi che copriva tutta l'Europa all'inizio dell'Impero. Quella di Bordeaux esisteva ancora nel 1814 e, quando le truppe inglesi di Wellington entrarono in città, Madelin racconta che si sentirono "a casa".

In breve, l'obiettivo del sindacato straniero fu raggiunto in Francia alla fine del Direttorio: l'anarchia sembrava definitiva, la religione cattolica sembrava distrutta e la Francia, rovinata e disorganizzata, non poteva più giocare un ruolo in Europa.

Ma, con tutta la sua abilità, il governo britannico non riuscì a impedire il diciottesimo Brumaio. Non aveva capito che seminando l'anarchia stava preparando la dittatura.

Così, sbarazzandosi di un avversario pacifico, l'Inghilterra contribuì involontariamente a portare sul trono il suo più temibile nemico. Il popolo francese, che si era ribellato all'autorità sfacciata di Luigi XVI, accettò di buon grado la tirannia di Napoleone Ier. I demagoghi divennero i cortigiani del potere assoluto e l'Europa rimase stupita nel vedere la nazione francese

---

[509] *Quindici anni di servizio.*

[510] La maggior parte di loro erano prigionieri di guerra, molti dei quali sono riusciti a fuggire grazie alla complicità dei massoni francesi.

[511] Si veda la *Revue Française* del 14 giugno 1914.

risorgere dalle sue rovine e volare di vittoria in vittoria.

DOCUMENTI DI SUPPORTO

Documenti diplomatici relativi all'azione inglese in Francia all'inizio della Rivoluzione

1er luglio 1789. - *Versailles* :

"... Si dice pubblicamente che l'Inghilterra stia corrompendo un numero considerevole di agenti per creare problemi...".

2 luglio. -... Ci ostiniamo a credere che siano solo gli inglesi a fomentare il popolo...

3 luglio. -... Gli inglesi sono sempre sospettati di avere qui agenti segreti che spargono denaro...".[512]

13 agosto. - *Versailles:* (*M. de Montmorin al Ministro francese a Berlino*).

"... Le relazioni che esistono tra l'Inghilterra e la Prussia riguardo ai nostri affari interni e la conferenza che si è tenuta a Potsdam rafforzano i nostri sospetti nei confronti di queste due potenze...

Non possiamo considerare una calunnia ciò che viene detto sulle loro attività segrete...

---

[512] *Archives des Affaires étrangères*, Francia, 1405 ca. (Bollettini relativi agli eventi dall'apertura degli Stati Generali al 15 luglio, inviati dal Ministero ai suoi agenti diplomatici).

Il Re vi raccomanda in particolare di fare tutto ciò che è in vostro potere per scoprire cosa è successo alla misteriosa conferenza di cui state riferendo... Abbiamo ragione di credere che Holland stia partecipando alla cospirazione dei tribunali di Londra e Berlino...".[513]

20 giugno. - *Berlino: (Il conte di Esterno a M. de Montmorin).*

... "Tutti coloro che hanno accesso al Re di Prussia sono venduti all'Inghilterra. La contessa de Bruhl, moglie del governatore del Principe Reale, è inglese e fanatica nell'amore per il suo Paese e nell'odio per la Francia... Il medico di corte, uomo di grande ingegno, è inglese...".[514]

31 luglio. - *Londra: (M. de La Luzerne al Ministro).*

... "Il Duca di Leeds mi ha detto ieri, con un'aria di affettuoso dispiacere, di essere stato molto addolorato nel leggere in un dispaccio del Duca di Dorset che un membro degli Stati Generali aveva reso noto che una nazione vicina e rivale sembrava aver sparso denaro tra il popolo durante i recenti problemi... Ho cercato di convincere il Duca di Leeds che siamo molto rassicurati a questo proposito. Ma in realtà non possiamo essere troppo prudenti sulla condotta degli inglesi, che sarà certamente tanto occulta quanto egoistica.

3 agosto. - *Versailles: (M. de Montmorin a M. de La Luzerne).*

"Gli inglesi sono stati violentemente sospettati di spargere denaro tra il popolo di Parigi con l'intenzione di sobillarlo... Mi astengo dall'accusare il ministero inglese perché non ho prove contro di loro ed è tanto più difficile acquisirne, dato che la polizia non esiste più, ma ciò che è certo è che il denaro è stato

---

[513] *Archivio degli affari esteri.* Corrispondenza da Berlino, 1789.

[514] *Id.*

sparso con la massima profusione sia tra i soldati che tra il popolo... Vi prego di rivolgere la vostra attenzione a questo problema. Poiché molti inglesi stanno tornando a casa per sfuggire al tumulto, potrebbero esserci persone indiscrete che potrebbero almeno fornire qualche indizio".

10 agosto. - *Versailles* :

"Non raccomando mai abbastanza di essere estremamente vigili sul ruolo più o meno attivo che gli inglesi potrebbero giocare nei nostri problemi interni"[515].

14 agosto. - *Londra:* (*M. de La Luzerne a M. de Montmorin*).

L'inizio della lettera espone la convinzione che i problemi di Parigi siano stati fomentati dal Duca di Dorset:

... "Non ho modo di accertare se egli abbia effettivamente usato tanto denaro quanto si pensa a Parigi per disintossicare le truppe e sedurre il popolo. Ma quello che posso assicurare è che non appena fu ordinato alle truppe di avvicinarsi a Parigi, e molto prima del loro arrivo, Dorset assicurò alla sua corte che queste truppe si sarebbero dichiarate per il popolo a preferenza del Re. Questo spirito profetico ci fa credere che avesse dati estremamente positivi ed è difficile immaginare come avrebbe potuto acquisirli se non fosse entrato lui stesso in questo intrigo infernale"[516] :

27 settembre 1789. - *Londra:* (*Barthélemy a M. de Montmorin*).

... "Il re d'Inghilterra odia la Francia e vorrebbe che i nostri

---

[515] Alla fine della lettera si raccomanda di monitorare le relazioni tra i francesi a Londra e il Ministero inglese.

[516] Corrispondenza da Londra, v. 570.

dissensi lo vendicassero per la guerra in America...".

23 novembre. - *Londra: (M. de La Luzerne a M. de Montmorin).*

... "Sto cercando di capire se, invece di parlare con i ministri inglesi degli affari dei Paesi Bassi, il Duca d'Orléans non si consulterebbe con loro per fomentare nuovi problemi in Francia..., ma non credo che il Re o il signor Pitt sostengano un Principe del sangue contro il Re. Hanno un'opinione così bassa del Duca d'Orléans, lo ritengono così inadatto a essere il capo di un partito, che certamente non mescoleranno i loro affari con i suoi. Non so dirvi quanto l'arrivo di questo principe abbia dato agli inglesi di tutte le classi una cattiva opinione di lui...

Faccio seguire Laclos. Scrive quasi tutto il giorno e riceve molte lettere dalla Francia...

Calonne vede di nascosto il Duca d'Orléans e Duroveray...

26 novembre. -... Drumond è sospettato di aver passato del denaro a Hopp ad Amsterdam per distribuirlo a Parigi. "A Parigi ci sono due inglesi, uno di nome Danton[517] e l'altro Parc, che alcuni sospettano essere gli agenti più riservati del governo inglese...

La signora Boulard, cameriera della Regina, è la spia del Duca.

Le tre persone più legate al Duca sono Pitra, Paris e l'Abbé Fauchet. Ha anche grande fiducia in un uomo chiamato Forth, che una volta era stato inviato a Parigi dal governo inglese.

---

[517] Di fronte al nome di Danton, a margine della lettera, si legge: "Président du district des Cordeliers". Ma questa nota a matita è in una calligrafia diversa da quella di M. de La Luzerne e M. de Montmorin. Dubitando della sua autenticità, la riportiamo per dovere di cronaca.

Questo Forth vede spesso il signor Pitt"[518].

Una lettera del 18 dicembre menziona la partenza di Forth, "probabilmente per Parigi".

Ier gennaio 1790. -... "Il Duca d'Orléans, che passa tutto il giorno da Mme de Buffon, è invisibile tutto il giorno. Quando viene a trovarmi, mi parla di affari generali e mai delle sue visite al ministro inglese, che so essere molto frequenti"...

3 gennaio. -... "Forth tornò molto insoddisfatto della sua missione".

16 luglio. - Gli inglesi si aspettavano gravi disordini il 14 luglio... ".Il Duca fu fortemente sollecitato dal Principe di Galles a tornare a Parigi in quella data...".[519]

5 gennaio 1791. - Una lettera di Barthélemy indica il fervido desiderio dell'Inghilterra che le difficoltà interne della Francia si aggravino.

5 aprile. - M. de La Luzerne, a seguito di un colloquio con il Re d'Inghilterra, riassume le sue impressioni: "Finché saremo in una situazione in cui non potremo interferire negli affari europei e soprattutto non potremo competere con il commercio dell'Inghilterra, non ci preoccuperemo. Ma non appena il nostro governo riacquisterà forza e vigore, potremo contare sul fatto che non ci saranno intrighi, né mezzi aperti o subdoli che queste persone non utilizzeranno per ritardare il nostro progresso e farci ripiombare, se possibile, nell'abisso in cui ci troviamo ora[520].

---

[518] Corrispondenza da Londra, v. 571 (dispaccio criptato).
[519] London Corr., v. 574.
[520] London Corr. v. 577.

2 settembre. - *Barthélemy a M. de Montmorin:*

"Il giorno della sua partenza, M. de Mercy mi disse: "Sono sempre stato dell'opinione che l'Inghilterra abbia avuto un ruolo in tutte le sfortunate divisioni del vostro paese. Me ne vado da qui più convinto che mai di questa triste verità e che, contro gli interessi di tutte le altre potenze che vorrebbero vedere la Francia riacquistare la sua abituale forza, l'Inghilterra continuerà a cercare di minarla surrettiziamente per portarla alla rovina totale"...

M. de Mercy ammette che ci sono state comunicazioni tra le principali potenze europee sul tema dei nostri affari; la concertazione è impossibile, soprattutto a causa delle opinioni segrete dell'Inghilterra...

Un ministro degli Esteri chiese a Lord Dover, capitano delle Guardie Reali, quale sistema pensava avrebbe seguito l'Inghilterra nei confronti della Francia: "Al tempo delle nostre guerre civili", rispose, "la Francia ha sostenuto il partito realista nel nostro paese?"[521]...

2 dicembre. - M. de Worontzof è irritato dalla cecità di Russia e Spagna, che non vedono le attività dell'Inghilterra in Francia:

"All'Inghilterra conviene che una lunga anarchia impedisca il ritorno di qualsiasi governo in Francia. Se ha impedito al Langravio d'Assia di dare truppe ai Principi francesi, è perché il loro partito non prenda solidamente il sopravvento; ma d'altra parte li incoraggia fortemente a entrare in Francia con le armi in pugno...".

30 dicembre. -... " Il Re d'Inghilterra protesta contro le accuse di persone malintenzionate che si prendono la libertà di attribuire

---

[521] London Corr., v. 579.

i nostri problemi all'Inghilterra. Lord Granville ripete le stesse cose... Pitt ha avuto l'abilità di agire solo in modo surrettizio e segreto in tutte le sue attività contro di noi...".[522]

Relazione di Saint-Just al Comitato di Sicurezza Pubblica. - 25ᵉ giorno del 1ᵉʳ... mese dell'anno II :

... " Gli inglesi sembravano pensare che il modo migliore per condurre una guerra contro una Repubblica nascente fosse piuttosto corromperla che combatterla...".[523]

Pluviôse, anno II (non firmato) :

... " È il governo inglese che intriga a Parigi, uccide i patrioti e falsifica la moneta naturale...".[524]

22 marzo 1793. -... " Non si può dubitare che a Parigi ci sia un gran numero di spie inglesi: I° Quasi tutti i corrispondenti dei giornali di Londra... 2° Questi personaggi che si vedono apparire e scomparire ogni settimana alternativamente a Parigi e a Londra. Il più notevole è il capitano Frazer, uno scozzese... 3° I tre superiori irlandesi Walsh, Keruy e Mahew... 4° Nei caffè si incontra un gran numero di inglesi le cui osservazioni rivelano, se non un complotto formale contro il sistema di libertà e uguaglianza, almeno un ardente desiderio di vederlo distrutto...".

Maggio 1793. - *Ducher al Ministro degli Affari Esteri:*

... " Da dieci anni il Ministero britannico pedina in Francia gli economisti, questa setta tanto caldeggiata dai banchieri inglesi, olandesi e ginevrini, che si arricchiscono con gli effetti della sua

---

[522] London Corr., v. 579.
[523] London Corr., v. 588.
[524] *Id.*

dottrina...".[525]

17 Floréal, anno II. - *Buchot al ministro: Amsterdam* -... " I Comitati devono impiegare tutta la loro vigilanza per prevenire i complotti diretti da Londra contro di loro e in particolare contro Robespierre. Pitt si prodiga per questo...".

19 Termidoro, anno II. - *Bucher, commissario per le relazioni estere a Basilea, al ministro:*

"La Convenzione di Pillnitz e tutti gli accordi successivi sono dovuti all'oro dell'Inghilterra...".[526]

9 Vendémiaire, anno III. - *Druy, agente segreto, al ministro:*

Londra. -... " Far sparire Pitt o fargli cadere la testa, questo deve essere il desiderio di tutti i buoni francesi. Non vi esorto a fare il minimo passo per distruggere quella di Giorgio, perché presto non ne avrà più...

"I migliori agenti di Pitt sono a Parigi...".

Anno IV (non firmato). - *Relazione sul messaggio del Gabinetto britannico :*

... " Le insurrezioni a Lione, Tolone e Marsiglia, le guerre civili, le continue incursioni degli emigrati sulle nostre coste, sono tutte opera di Pitt... Per alimentare questa guerra intestina, non ha forse avuto l'ardire di aprire una fabbrica di assignat contraffatti. Ve ne fornisco le prove...".[527]

---

[525] London Cor., v. 587.

[526] Berlino Corr., v. 213.

[527] London Corr., supplemento, v. 15.

15 dicembre 1795. - *Poteratz al ministro: Basilea.* -... " Ricordate l'esecrabile condotta del governo inglese nei nostri confronti fin dall'inizio della Rivoluzione... fomentando a forza di intrighi e di denaro guai in tutti i punti del vostro interno, nei confronti degli emigrati che ha incoraggiato e sostenuto finché sembravano utili ai suoi disegni, che ha sacrificato da allora, a Quiberon o in Germania, e che finirà per abbandonare non appena cesseranno di essergli necessari per danneggiarci...; con i Chouan e la Vandea ai quali fornisce di proposito solo grandi promesse e mezze misure... con i Chouan e la Vandea, ai quali fornisce di proposito solo grandi promesse e un sostegno a metà...".[528]

La condanna di Luigi XVI dalla Massoneria

Diversi storici sostengono che la Rivoluzione francese e la morte di Luigi XVI furono decise in Germania nei conventi massonici di Ingolstadt e Francoforte.

L'opinione di Barruel su questo punto è confermata da Cadet de Gassicourt, un ex massone[529]. Diversi membri della setta hanno rilasciato dichiarazioni formali al riguardo, tra cui i MM. de Raymond, Bouligny e Jean Debry. Si dice che abbiano lasciato la Massoneria in questa occasione.

Una recente polemica sull'*Intermédiaire des chercheurs et des curieux* ha messo in dubbio queste affermazioni, basandosi sul fatto seguente: I signori de Raymond, de Bouligny e Jean

---

[528] Vienna Corr., v. 362.

[529] La tomba di Jacques Molai. Vedi anche: Deschamps: *Les sociétés secrètes,* t. II, p. 134 e segg. G. GAUTHEROT: *Histoire de l'Assemblée Constituante,* cap. II. De LANNOY: *La Révolution préparée par la Franc-maçonnerie,* p. 99 e segg.

Debry sarebbero rimasti massoni; quindi non avrebbero lasciato con indignazione la Società Segreta che decise la morte del Re di Svezia e del Re di Francia. Ne deduciamo che tutti i loro resoconti sono sospetti.

A questo è facile rispondere che la sorte di M. de Wal può aver dato loro da pensare: M. de Wal si è permesso di divulgare i progetti massonici di cui condannava la violenza. Scomparve poco dopo e il suo corpo fu trovato sepolto nella foresta di Fontainebleau. È stato quindi molto poco saggio rompere apparentemente con la Massoneria. Per questo motivo i signori de Raymond e de Bouligny non parlarono fino al letto di morte.

Non potevano forse pensare che, rimanendo membri della setta, avrebbero potuto orientarla verso idee più moderate e opporsi a decisioni violente? Andandosene, invece, hanno perso ogni mezzo di azione e sono rimasti all'oscuro degli eventi che si stavano preparando dietro le quinte.

Il conte Costa de Beauregard racconta che il conte di Virieu si ritirò dalla Massoneria quando si rese conto che la setta aveva tre obiettivi: "la rovina della religione, il disonore della regina e la morte del re". M. Gustave Bord obietta che è *"probabilmente"* sulla base dell'affermazione di Barruel che M. Costa de Beauregard fornisce questo resoconto, ecc. Perché dovrebbe essere secondo l'affermazione di Barruel? Le famiglie de Virieu e Costa de Beauregard erano alleate e vivevano nello stesso paese. Che meraviglia che la famiglia Costa ricevesse le confidenze di M. de Virieu! Inoltre, Barruel era sospettato di esagerare ma non di mentire.

Un altro argomento è la confessione che padre Abel ha ascoltato da suo nonno: quest'ultimo ha dichiarato di essersi pentito del suo voto regicida al convento in Germania che decise la morte di Luigi XVI. L'obiezione è che si tratta di una testimonianza verbale resa da un uomo di ottant'anni. Da quando non accettiamo più la testimonianza verbale di un uomo di ottant'anni? Li lasciamo dirigere uno Stato e scatenare una guerra. Se il signor Abele fosse stato un bambino, la sua famiglia avrebbe divulgato la sua testimonianza? Non erano affatto orgogliosi del ruolo che aveva svolto. Inoltre, se non crediamo alla parola di un anziano, la sua testimonianza *scritta* avrebbe forse più valore?

Ci sembra quindi che la questione rimanga aperta e vorremmo che le discussioni dell'*Intermédiaire des chercheurs et des curieux* continuassero.

Per quanto riguarda il rapporto Haugwitz, riteniamo che non sia ancora stato confutato. Si tratta di un documento ufficiale di un ex massone, confidente del re di Prussia, che afferma la condanna di Luigi XVI nel 1784. Per quanto riguarda Gustavo III, gli archivi legali di Berlino contengono (secondo i signori E. Faligant e Deschamps) la prova della sua condanna da parte degli Illuminati. Il conte di Haugwitz, ritiratosi dalla Massoneria, affermò che anche Luigi XVI era stato condannato quattro o cinque anni prima della Rivoluzione francese. Questa testimonianza di M. de Haugwitz non è mai stata smentita. Incaricato dal Re di Prussia di redigere un rapporto sulle società segrete, scrisse a[530] : "La Rivoluzione francese e il regicidio sono stati risolti dalla Massoneria"[531].

Stranieri nella lista dei membri del Club dei Giacobini nel

---

[530] *Dorrows Danksehriften*, v. IV, pp. 211-221.

[531] Vale la pena di ricordare come la condanna di Luigi XVI sia stata valutata da un uomo illustre a cui la Repubblica ha eretto delle statue, Ernest Renan: "L'assassinio del 21 gennaio è il più orrendo atto di materialismo, la più vergognosa professione mai fatta di ingratitudine e di bassezza, di comune scelleratezza e di oblio del passato" (*La Monarchie Constitutionnelle en France*).

1790^{532}

Alexandre (inglese).
Abbéma (olandese).
Bidermann (Svizzera).
Bitaubé (prussiano).
Cabarru (spagnolo).
Cavalcanti (italiano).
Clavière (Svizzera).
Cloots (prussiano).
Doppet (italiano).
Desfieux (belga).
Dufourny (italiano).
Erdmann (...).
Ferguson (inglese).
Fitz Gerald (inglese).
Fockedey (inglese).
Fougolis (...).
Gorani (italiano).
Halem (...).
Da Hesse (tedesco).
Keith (inglese).
Klispich (...).
La Harpe (Svizzera).

---

[532] Cfr. Aulard: *Le Club des Jacobins*, ecc.

Loen (...).

Miles (inglese).

Oelsner (tedesco).

Pio (italiano).

Schlabrendorf (Prussia).

Schsvatv (...).

Van den Yver (olandese).

Van Praet (belga).

Arthur Young (inglese).

Stranieri sospetti

Pancetta.

Bollini.

Charke.

Coitam.

Hanker.

Hovelt.

Kauffmann.

Knapen.

Mendosa.

Mermilliod.

Oelsner.

Pulcherberg.

Raek.

Schluter.

Schnutz.

Sigri.

Stourm.

Walwein, ecc.

CONGRESSO DI FILALÈTHES (1785-1787)

La loggia degli Amis Réunis (Philalèthes), presieduta da Savalette de Lange, ebbe un ruolo importante nella preparazione della Rivoluzione francese. La sua sede era al 37 di rue de la Sourdière.

Nel 1785, i Filaleti convocarono un Congresso a Parigi con il pretesto di discutere di "scienza massonica". I resoconti pubblicati dal *Monde maçonnique* omettono ovviamente ogni discussione politica e cercano di dimostrare che per diciotto mesi i Filaleti si limitarono a scambiarsi banali riflessioni[533]. Le uniche pagine interessanti sono le discussioni con Cagliostro, che allora presiedeva la loggia madre del rito egiziano all'Oriente di Lione e si proclamava di gran lunga superiore agli altri massoni. Dopo aver ricevuto l'invito dei Filalete, Cagliostro, per dimostrare il suo potere, promise di far loro vedere Dio "e gli spiriti intermediari tra Dio e gli uomini". Tuttavia, in cambio di questo miracolo, Cagliostro pretese che gli archivi filaletici fossero distrutti (non siamo riusciti a scoprire a quale scopo).

I Filalete rifiutarono questo sacrificio perché preoccupati per i loro archivi, e alcuni di loro si chiesero se Cagliostro non fosse per caso un impostore. Ciononostante, fu inviato a Cagliostro un elenco dei membri del Convento, affinché scegliesse quelli che riteneva opportuni da avviare al rito egiziano; gli fu chiesto di

---

[533] *Il Mondo Massonico*, v. XIV e XV.

dare la preferenza agli stranieri.

Alla fine, tutto si risolse: i Filalete non bruciarono i loro archivi e Cagliostro non evocò Dio o gli angeli nei locali di rue de la Sourdière. Ma la Loggia Madre del Rito Egiziano scrisse che "l'ignoto Gran Maestro della vera Massoneria ha messo gli occhi sui Fileteleti. Ha accettato di far brillare un raggio di luce nell'oscurità del loro Tempio". I rapporti tacciono su questo raggio di luce. I massoni ai quali furono comunicati gli atti del Convento dovettero impegnarsi per iscritto sul loro onore a mantenere il più assoluto riserbo.

Nel secondo anno del Congresso, il dottor Stark scrisse da Darmstadt che il prossimo Convento sarebbe stato più pericoloso che utile, e consigliò ai Fileteti di dare piena fiducia a Saint-Martin e Willermoz. Questa lettera contraddice i resoconti ufficiali, perché se i Fileteti parlavano solo di scienza massonica, non poteva essere *pericoloso* incontrarsi, e non c'era motivo di dare pieni poteri a due di loro. È difficile stabilire se Saint-Martin e Willermoz fossero i rappresentanti ufficiali della massoneria straniera o se il dottor Stark stesse esprimendo un'opinione personale. Comunque sia, il Congresso si sciolse l'8 giugno 1787 e il suo misterioso lavoro fu continuato dal Comitato segreto (Willermoz, Mirabeau, Court de Gébelin, Bonneville e Chappe de la Heuzière).

Già pubblicato

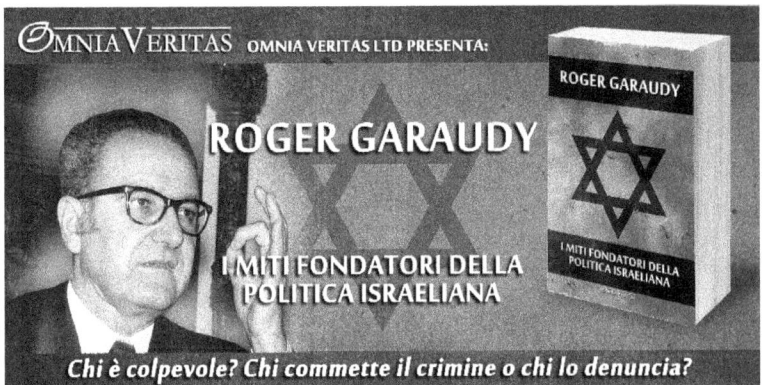

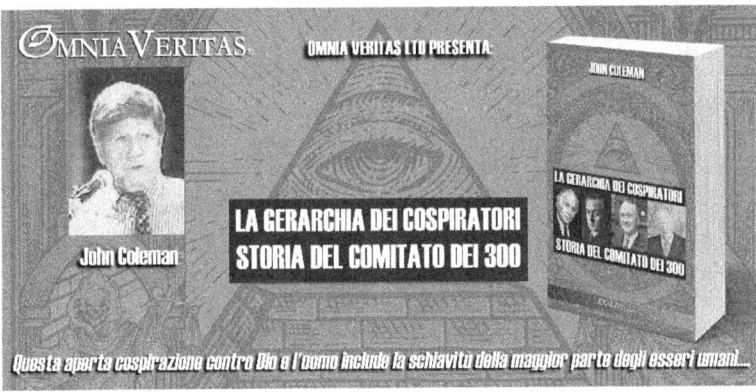

www.ingramcontent.com/pod-product-compliance
Lightning Source LLC
Chambersburg PA
CBHW071712160426
43195CB00012B/1661